59, 60
N NAI
HAI
WANG
THONGLANG
HUAI KHWANG
DIN DAENG
Rama IX Road
Phetchaburi Road
BANG KAPI
38
37
35
43
36
KHLONG
TAN NUEA
40
39
20
Benjakitti-
Park
WATTHANA
49
KHLONG TOEI
K
Sunthon Kosa Road
Rama IV Road
PHRA KHANONG
61
Chao Phraya
Sri Nakhon
Khuean Khan Park
and Botanical
Garden
0
500
1000 m

63

Brücke am Kwai

Es wäre eine 500 000-Euro-Frage bei *Wer wird Millionär?*. Oder vielleicht sogar die nach der Million.
Also: Welcher Hollywood-Klassiker, ausgezeichnet mit fünf Oscars, wurde auf dem River Kwai gedreht?
Die naheliegende Antwort: *Die Brücke am Kwai*. Die richtige Antwort: *Die durch die Hölle gehen* von Michael Cimino. Die Story von drei US-Soldaten in Vietnam, ihrer Zeit davor und danach. Gedreht wurde jedoch in Thailand. Auf dem Khwae Yai, dem River Kwai, entstand die legendäre Szene, wie Robert De Niro und Christopher Walken das erste Mal russisches Roulette spielen.

David Leans Welterfolg *Die Brücke am Kwai* von 1957 – mit Alec Guinness als englischem Colonel, der sich im Zweiten Weltkrieg gegen die Schindereien der japanischen Besatzer wehrt – entstand hingegen auf Ceylon, dem heutigen Sri Lanka. Nach zweieinhalb Stunden Film fliegt die Brücke aus mehr als 1000 Bambusstämmen samt Zug in die Luft, gesprengt von einem britischen Kommando.

Das Original ragte in der Provinzstadt Kanchanaburi über den Kwai, 150 Kilometer vor Bangkok im Süden. Wie im Film wurde sie von Kriegsgefangenen und Zwangsarbeitern gebaut, unter übelsten Schikanen. 1945 wurde die Holzbrücke durch Fliegerbomben von Amerikanern und Briten zerstört.

Die heutige »River Kwai Bridge« ist eine Eisenkonstruktion auf Betonklötzen. Die meisten sind enttäuscht, wenn sie das Ding das erste Mal sehen.

Immer noch fahren Züge darüber. Bis zur Grenze nach Myanmar folgen noch 130 Kilometer. An einer Stelle geht es spektakulär über den hölzernen Viadukt Wang Po, der der Filmkulisse deutlich ähnlicher sieht als die heutige Brücke. Das versöhnt die meisten Touristen wieder.

Und in der Trockenzeit, wenn der Khwae Yai nur wenig Wasser hat, kann man immerhin sehen, wie die Stümpfe der Originalbrücke aus dem Fluss ragen.

64

Bad der Könige

BAHNHOF: PHRA POKKLAO ROAD, HUA HIN 77710

KÖNIGSPALAST: 4/3 HUA HIN 50 ALLEY, HUA HIN 77710

CENTARA GRAND BEACH RESORT AND VILLAS: 1 DAMNERNKASEM ROAD, HUA HIN 77710

Früher war Hua Hin das Königsbad. Hier fuhren seit den 1920er Jahren die Rama-Könige VII., VIII. und IX. hin, wenn sie mit ihren Familien Zeit am Meer verbringen wollten.

Das war, bevor sich der damalige Kronprinz Maha Vajiralongkorn in Richtung Bayern orientierte. Inzwischen ist er Rama Nummer zehn, aber verbringt seine Zeit immer noch lieber am Starnberger See als am Golf von Thailand. Dem »Thai-Kini« gehört in Tutzing die herrschaftliche Villa Stolberg.

Trotzdem hängen in Hua Hin die Straßen mit Bildern des aktuellen Königs voll, vorzugsweise in Uniform und vorzugsweise aus Jugendjahren. Im Sommerpalast,

dem Wang Klai Kangwon, ist er jedoch nur selten.

Immerhin kann sich das ehemalige Fischerdorf, heute eine 60 000-Einwohner-Stadt, noch das älteste Seebad des Landes nennen. Die 180 Kilometer aus Bangkok schafft man, wenn es gut läuft (also eher selten), mit dem Auto in zweieinhalb Stunden.

Aber eigentlich gehört es sich, mit dem Zug anzureisen, auf dem ersten Teil der legendären Strecke zwischen Bangkok und Singapur. Allein schon wegen der Fahrt durch die Reisfelder und wegen der Essensverkäufer, die sich durch die Waggons drängeln. Speisewagen ist hier überall.

Und wegen des Bahnhofs von Hua Hin, einem Gebäude von 1926. Direktor der staatlichen Eisenbahn war damals ein Bruder des Königs mit dem schönen Namen Phra Kampang Petch Aerachayothin. Der Prinz entschied sich für eine eigenwillige Mischung aus klassisch viktorianischer und thailändischer Architektur, halb Backstein, halb Holz.

Nun springen Touristen auf den Gleisen herum, um vor dem »Königlichen Pavillon« mit seinen Spitzdächern Fotos zu machen. Wenn ein Zug ankommt oder abfährt, läutet der Vorsteher sehr laut mit einer goldenen Glocke.

Zur gleichen Zeit wie den Bahnhof ließ der Prinz 500 Meter weiter, direkt am Strand, das »Railway Hotel« errichten. Der Name war großes Understatement: eine Nobelherberge in schönstem Kolonialstil, ursprünglich nur für Fahrgäste gedacht, als Zwischenstopp auf dem Weg nach Singapur. Hier entstand auch Thailands erster Golfplatz.

Das Hotel gibt es heute noch. Es heißt nun »Centara«. Immer noch werden die goldenen Türnummern von den Zimmermädchen mit der Zahnbürste geputzt. Immer noch kreiseln an den Decken die Holzventilatoren. Und am Eingang stehen auch noch Wärter im Tropenhelm, denen grüne Elefantenköpfe über die Schulter schauen.

Das teure Porzellangeschirr mit dem Aufdruck der Bahn bleibt jetzt allerdings in der Vitrine. Dafür dürfen seit einer ganzen Weile auch Leute übernachten, die nach Hua Hin mit dem Auto gekommen sind.

65

Siams Zwillinge

TRAIN MARKET: MAE KLONG, PHET SAMUT ALLEY, MUEANG SAMUT SONGKHRAM DISTRICT, SAMUT SONGKHRAM 75000

Die Kleinstadt Samut Songkhram, anderthalb Zugstunden von Bangkok entfernt, war einst wegen eines Zwillingspärchens bekannt: Chang Chan und Eng In.

Die Brüder, geboren 1811, waren von Brust bis Nabel zusammengewachsen. Sie gingen als siamesische Zwillinge in die Medizingeschichte ein, als Zwillinge aus dem Königreich Siam.

Mit 18 fuhren die beiden mit dem Schiff in die USA. Anfangs wurden sie als »Monster« auf Jahrmärkten herumgereicht. Später heirateten sie ein Schwesternpaar, ließen sich im Bundesstaat North Carolina nieder, legten sich den Nachnamen Bunker zu und bekamen 21 Kinder. Ge-

SRT

insel taschenbuch 4789
Christoph Sator
Lieblingsorte – Bangkok

LIEBLINGSORTE

Insel

BANGKOK

CHRISTOPH SATOR

MIT FARBIGEN FOTOGRAFIEN UND ILLUSTRATIONEN

Herzlichen Dank für Tipps, Ratschläge und überhaupt: Chiara Baschirotto, Caroline Bock, Bill Bredesen, Susanne Fischer, Barwon Heads, Kaweewit Kaewjinda, Jessada Kongtaveelert, Supot Manalpanacharoen, Rosane Matana, Maren Niemeyer, Somsri Phiwkteng, Gudrun Roy, Stéphane Roy, Andy Schillinger, Sharon Schillinger, Frank Schrader, Jutarat Skulpichetrat, Frank Steinacher, Korapin Thupvong, Melanie Wiesner, Armin Wiesner.

Für Antje und Ella

Erste Auflage 2020
insel taschenbuch 4789
Originalausgabe

Vertrieb durch den Suhrkamp Taschenbuch Verlag
Umschlaggestaltung und Layout: Marion Blomeyer, München
Illustrationen: Ryo Takemasa, Tokio
Karten: Peter Palm, Berlin
Satz: Greiner & Reichel, Köln
Druck: CPI – Ebner & Spiegel, Ulm
Printed in Germany
ISBN 978-3-458-36489-4

INHALTSVERZEICHNIS

RATTANAKOSIN

Stadt der Engel: Krung Thep **12**
Großer Palast: Phra Borom Maha Ratcha Wang **15**
Köchin mit Warze: Jay Fai **18**
Siams Schatzkammer: Nationalmuseum **21**
Goldener Berg: Wat Saket **24**
Buddha Mächtig: Wat Pho **26**
Königliche Pillendreher: Mo Waan **29**
Rucksackland: Khao San Road **32**
Glücksbringer unter sich: Kraft der Amulette **35**
Platz der Thais: Sanam Luang **38**

DUSIT

Café Alt-Wien: Café de Norasingha **44**
Hotel der Antiquitäten: The Siam **46**
Stadion der Thaiboxer: Rajadamnern **49**

THONBURI

Fluss der Könige: Chao Phraya **54**
Holländer in Gelb: Co van Kessel **57**
König und Mörder: Siriraj-Krankenhaus **60**
Kreuze und Madonnen: Kudichin **63**
Tempel der Morgenröte: Wat Arun **66**
Königliche Gondeln: Royal Barge Museum **68**

CHINATOWN

Mutter aller Kaufhäuser: Nightingale-Olympic **72**

Thaimusik für Hipster:
Tep-Bar **75**
Bahnhof der Nostalgie:
Hua Lamphong **78**
Schwarzer Arzt: Talad Noi **81**
Wohltäter von Chinatown:
Stiftung Thien Fah **84**
Blumen am Fluss:
Pak Khlong Talad **87**

SATHORN & SILOM

Bauklötzchenhaus:
Maha Nakhon Tower **92**
Alte Liebe: »Oriental« **96**
Bibliothek der Liebe:
Neilson Hays Library **99**
Markt der Versuchungen:
Sala Daeng **101**
Zwillinge aus Marzahn:
Sühring **104**
Turm der Geister:
Sathorn Unique **107**
Hangovertini:
State Tower **111**
Hauptpost und Kultur:
Thailand Creative and
Design Center **113**
Sprayer von Bangkok:
Alex Face & Co. **115**

OBERE SUKHUMVIT

Straße des geschmolzenen
Goldes: Thonglor **120**
Laden mit Süßfrüchten:
Mae Varee **123**
Schildkrötenhaus:
Tiziano Terzani **126**
Glashaus im Garten:
Patom **129**
Paradies der Damen:
Panipa **131**
Abschließbar:
Locker Room **133**
Künstler auf dem Eis:
The Rink **136**

UNTERE SUKHUMVIT

Mann mit Goldcolt: Scala **142**
Maßschneider mit Turban:
Rajawongse **144**
Kleines Guggenheim:
Bangkok Art and Culture
Centre **147**
Spion im Dschungel:
Jim Thompson **150**
Kanal der 100 000 Mücken-
stiche: Khlong Saen Saeb **153**

ARI & CHATUCHAK

Markt der Märkte:
Chatuchak **158**
Stinkfrucht in Luxus:
Or Tor Kor **161**
Retter in Orange: Moto Sai **165**

LUMPHINI

Muskelmänner:
Lumphini-Park **170**
Good mooooorning, Thailand:
Hotel »Malaysia« **173**
Kunst der Massage:
Divana & Co. **176**
Institut der Schlangen:
Thai-Rot-Kreuz **179**

AUSSERHALB

Laut und bunt: Tuk-Tuks **184**
Essen mit Eisbären:
Chang Chui **186**
Grüne Insel: Bang Krachao **188**
Friedhof der Ausländer:
Susan Farang **191**
Beckhams Tempel:
Wat Pariwat **194**
Friedhof der Flugzeuge:
Airplane Graveyard **197**
Sachensammler: Papaya **200**
Abschied von Thai-Food:
Airport Street Food **203**

AUSFLÜGE

Alte Hauptstadt:
Ayutthaya **208**
Brücke am Kwai:
Kanchanaburi **212**
Bad der Könige: Hua Hin **214**
Siams Zwillinge:
Samut Songkhram **217**

REGISTER 221

Rattanakosin

1

Stadt der Engel

2 THANON LAK MUEANG, PHRA BOROM MAHA RATCHAWANG, PHRA NAKHON, TEL. +66 2222 9876. TÄGL. 6.30-17 UHR.

Allein der Name schon. Bangkok? Sagt kein Mensch, wenn die Thais unter sich sind. Die Einheimischen nennen ihre Hauptstadt Krung Thep, die »Stadt der Engel«. Oder, so wie es auf den Autokennzeichen steht: Krung Thep Maha Nakhon, die »Stadt der Engel, große Stadt«. Das sind die beiden Kurzfassungen.

Vollständig heißt sie: Krung Thep Maha Nakhon Amon Rattanakosin Mahinthara Ayutthaya Mahadilok Phop Noppharat Ratchathani Burirom Udom Ratchaniwet Maha Sathan Amon Piman Awatan Sathit Sakkathattiya Witsanukam Prasit. 169 Buchstaben. Einen längeren Namen hat keine ande-

TIPP

AN DEN LAK MUEANG KOMMT MAN AM BESTEN MIT DEM TAXI. MIT DEM ÖFFENTLICHEN NAHVERKEHR - DER U-BAHN NAMENS MRT ODER DEM SKYTRAIN BTS IST ER NICHT DIREKT ZU ERREICHEN. NORMALERWEISE SIND MRT UND BTS ABER DIE BESTEN, SCHNELLSTEN UND PREISWERTESTEN FORTBEWEGUNGSMITTEL.

re Hauptstadt auf der Welt. Und einen umständlicheren schon gar nicht.

Bedeutet: Stadt der Engel, große Stadt, Residenz des Smaragd-Buddhas, uneinnehmbare Stadt des Gottes Indra, große Hauptstadt der Welt, geschmückt mit neun wertvollen Edelsteinen, reich an gewaltigen königlichen Palästen, die dem himmlischen Heim des wiedergeborenen Gottes gleichen, Stadt, die von Indra geschenkt und von Vishvakarman gebaut wurde.

Das klingt nun wahrlich um einiges edler als der Name, unter dem man die Stadt mit ihren mehr als zehn Millionen Einwohnern im Rest der Welt kennt: Bangkok bedeutet vermutlich nichts anderes als »Dorf der Goldpflaume«.

So hieß die Siedlung auf der allerersten Landkarte, die 1511 ein portugiesischer Seefahrer zeichnete. Bang: ein Dorf am Wasser. Kok: die Kurzform von Makok, einer Pflaumenart, die in der thailändischen Küche bis heute gern benutzt wird, um ihr etwas von der Schärfe zu nehmen.

Auf der anderen Seite des Flusses, im heutigen Stadtviertel Rattanakosin, legte König Rama I. den Grundstein der neuen Hauptstadt. Das war 1782, nachdem die Thais ihre bisherige Metropole Ayutthaya verloren hatten. Heute steht an der Stelle ein drei Meter hoher Pfeiler, geschnitzt aus Holz, überzogen mit Gold: der Lak Mueang. Der Legende nach lebt darin der Geist der Stadt. Den ganzen Tag lang sind Tänzerinnen beschäftigt, ihm Gesundheit und Wohlstand abzuhandeln. Das Geld dafür kommt von Touristen aus aller Welt.

Der Lak Mueang ist auch das Maß aller Dinge, was Kilometer angeht. Von hier aus wird gemessen. Schließlich führen in Thailand alle Wege nach Bangkok. Pardon: nach Krung Thep.

2

Großer Palast

1 MAHA RAT RD, BOROM MAHA, RATCHAWANG, TEL. +66 2623 5500. TÄGL. 8.30-15.30 UHR. WWW.ROYALGRANDPALACE.TH

TIPP

BEI HOHEN FEIERLICHKEITEN SIEHT MAN VOR DEM GROSSEN PALAST SOGAR SOLDATEN MIT BÄRENFELLMÜTZEN - EIN RELIKT AUS KOLONIALZEITEN, ÜBERNOMMEN AUS GROSSBRITANNIEN, OBWOHL THAILAND NIE KOLONIE WAR. ABER MAN SIEHT SIE NUR SELTEN. ZUM GLÜCK FÜR DIE SOLDATEN!

Der Große Palast hat seine besten Jahre wahrscheinlich hinter sich. Bis Mitte des 20. Jahrhunderts war der Bau die offizielle Residenz von Thailands Königen, die alle den Namen Rama tragen. Bis sich 1946 der junge König Ananda Mahidol (Rama VIII.) dort mit 20 Jahren erschoss. Oder erschossen wurde. Und sich der neue König Bhumibol Adulyadej, der übrigens als Einziger in der Nähe war, als sein älterer Bruder zu Tode kam, aus naheliegenden Gründen entschied, in den Dusit-Palast umzuziehen, ein paar Kilometer weiter.

Dort blieb Rama IX. sieben Jahrzehnte lang. Als er im Oktober 2016 im Alter von 88 Jahren starb, war er der dienstälteste

Monarch der Welt. Von seinen Landsleuten wurde er abgöttisch verehrt. In den Großen Palast kehrte er in all der Zeit nur sporadisch zurück. Bis er dort nach seinem Tod ein Jahr lang aufgebahrt wurde.

Der jetzige König Maha Vajiralongkorn, einziger Sohn von Bhumibol, ist ebenfalls eher selten da. Er residiert in Bangkok ebenfalls im Dusit – wenn Rama X. nicht, wie so oft, gerade in der Schweiz ist oder in Bayern. Dort besitzt er am Starnberger See eine Villa und andere Immobilien dazu.

Zumindest aber setzte sich Rama X. im Mai 2019 im Großen Palast die sieben Kilogramm schwere Thai-Krone aufs Haupt – eine Zeremonie wie aus früheren Jahrhunderten, die sich über vier Tage hinzog. Zum Schluss, nachdem schon Hunderttausende Menschen am Straßenrand vor ihm gekniet hatten, mussten auch noch ein Dutzend Elefanten einen Knicks machen.

Ansonsten ist der Palast heutzutage die Anlaufstelle schlechthin für die vielen Touristen aus China und auch für Farangs, wie Westler in Thailand heißen. Das Risiko, übers Ohr gehauen zu werden, ist nirgendwo größer als hier. Vorsicht ist geboten bei Taxifahrern und den Besitzern von Tuk-Tuks, den Autorikschas, sowie vermeintlichen Englischlehrern, die zufällig gerade eine Stunde frei haben.

Der Besuch lohnt sich trotzdem. Die ältesten der mehr als hundert Bauten auf dem riesigen Gelände, umgeben von einer zwei Kilometer langen Mauer, stammen von 1782. Vorbild war der Königspalast in der alten Hauptstadt Ayutthaya, den die feindlichen Nachbarn aus Birma ein paar Jahre zuvor zerstört hatten. Das neueste Gebäude ist eine Thronhalle. Sie wurde 2006 fertig.

Das meiste Gedränge gibt es im Wat Phra Kaeo, dem Tempel des Smaragd-Buddhas. Dabei ist der Buddha aus grüner Jade auf seinem goldenen Thron anfangs kaum zu sehen. Thailands Nationalheiligtum ist nur 48 Zentimeter breit und 66 Zentimeter groß. Und sitzt elf Meter über dem Erdboden. Viel zu hoch, als dass man es genauer anschauen oder gar berühren könnte. Das dürfen ohnehin nur der König und der Kronprinz.

Dreimal im Jahr wird das Gewand des Smaragd-Buddhas der Saison angepasst. Es gibt eine Robe für die Regenzeit, eine für die heiße Zeit und eine für die kühle. Damit sind die Tage gemeint, an denen die Temperatur nachts auf 20 Grad heruntergehen könnte.

3

Köchin mit Warze

327 MAHA CHAI RD,
TEL. +66 9272 49 633.
DI-SO 14.30-1 UHR.
UNBEDINGT WEIT IM VORAUS RESERVIEREN.
E-MAIL: JAYFAIBANGKOK@GMAIL.COM

TIPP

WEITERE AUSGEZEICHNETE STRASSENKÜCHEN: BAAN YAI PAD THAI, SOI INTHAMARA 47, DIN DAENG. GUAY JUB MR. JOE, 46 SOI CHAN 44, BANG KHO LAEM, TEL. +66 2313 3007. WATTANAPANIT, 336-338 SOI SUKHUMVIT 6 (EKKAMAI), TEL. +66 2391 7264.

Sieht so ein Sterne-Restaurant aus? Sieben Linoleumtische mit Holzschemeln, grüne Uralt-Fliesen, Neonlampen. An der Decke zwei Ventilatoren, die sich erfolglos bemühen, die warme Luft umzuschlagen. Und Speisekarten aus Plastik.

In Deutschland würde in diesem Ambiente nicht einmal das billigste Thai-Restaurant überleben. In Bangkok hat es das »Jay Fai« zu einem Michelin-Stern gebracht, als erste Straßenküche überhaupt. Begründung der Tester: »Das ›Jay Fai‹ ist ein Platz, wo Taxifahrer wie Foodies in Verzückung geraten.«

Obwohl die Konkurrenz in dieser Stadt nicht eben klein ist, gab es keinerlei Widerspruch. Das dürf-

te vor allem an der Besitzerin liegen: Supinya Junsuta, eine kleine Frau von mehr als 70 Jahren.

In einem Rahmen an der Wand steckt ein vergilbter Ausschnitt der *Bangkok Post* vom 2. September 1999. Damals schon wurde sie als »Mozart der Nudelpfanne« betitelt. Andere nennen sie die »Königin der Straßenküche«. Wie die gelernte Schneiderin wirklich heißt, weiß kaum jemand. Bekannt ist sie nur unter ihrem Spitznamen Jay Fai. Auf Deutsch: Schwester Warze. Der Grund lässt sich nicht übersehen, mitten in ihrem Gesicht, links von der Nase. Böse gemeint ist das nicht. In Bangkok frotzelt man gern.

Natürlich hätte sie sich das Ding längst wegmachen lassen können. Aber warum? Auf Äußerlichkeiten legt Jay Fai wenig Wert – abgesehen davon, dass sie stets Lippenstift trägt. Auf die Wichtigmacher-Utensilien anderer Spitzenköche (meist männlichen Geschlechts) verzichtet sie.

Ihre Arbeitskleidung: Schürze, T-Shirt und Gummistiefel. Sowie, aller Hitze zum Trotz, eine Wollmütze über den Haaren. Und: Motorradbrille. Die hat ihr der Arzt empfohlen – zum Schutz der Augen, wenn wieder einmal die Funken stieben.

Der Job am offenen Feuer ist Schwerstarbeit, nicht nur der Hitze wegen. Jay Fai kocht immer allein. Länger als drei Mi-

nuten braucht sie für kein Gericht.
Das »Jay Fai« mit seinen etwa 50 Plätzen ist kein Restaurant, in dem man den Abend verbringt. Billig ist es auch nicht – schon gar nicht für eine Stadt, wo man für sehr wenig Geld sehr gut essen kann. Das meistbestellte Gericht kostet knapp 30 Euro: Kai Jeaw Poo, ein sensationelles Krabbenomelett. Am teuersten sind die Nudeln mit Abalone-Muscheln, die gar nicht auf der Karte stehen: 260 Euro.
Jay Fai erklärt die Preise damit, dass sie nur beste Zutaten benutzt.
Trotzdem kommt es vor, dass Touristen davonziehen. Was nichts daran ändert, dass die anderen kaum einen Platz bekommen. Selbst wenn man reserviert, kann es passieren, dass man eine Stunde warten muss.
Seit Jay Fai in einer Netflix-Serie als »beste Straßenköchin der Welt« bejubelt wurde, sind die Schlangen noch länger. Sie selbst, sagt die kleine Frau, hat den Film noch nicht gesehen. Man glaubt ihr das sogar.

4

Siams Schatzkammer

NA PHRA THAT ALLEY, PHRA BOROM MAHA RATCHAWANG, PHRA NAKHON, TEL. +66 2224 1333. MI-SO 8.30-16 UHR. WWW.VIRTUALMUSEUM.FINEARTS.GO.TH/BANGKOKNATIONALMUSEUMS

TIPP

EIN ANDERER GUTER ORT, UM SICH MIT THAILANDS GESCHICHTE VERTRAUT ZU MACHEN, IST DER PALAST SUAN PAKKAD, EIN MUSEUM MIT FÜNF ALTEN HÄUSERN AUS TEAKHOLZ. 52 354 THANON SI AYUTTHAYA, PHAYA THAI, TEL. +66 2245 4934. TÄGL. 8-16 UHR.

Nach Bangkok, um ins Museum zu gehen? Unbedingt.

Ins Nationalmuseum. Wegen der großartigen Sammlung an Kunst- und Gebrauchsgegenständen, die es dort aus vielen Jahrhunderten Siam und Thailand zu sehen gibt. Das Nationalmuseum ist die Schatzkammer des Landes, voll bis obenhin. Aber auch wegen der Geschichte des Gebäudes. Ende des 18. Jahrhunderts war das Museum noch der Palast für den Vizekönig, den Uparat. Ein eher ungewöhnlicher Posten, den es aber schon seit 300 Jahren gab. Oft hatten Brüder oder andere nahe Verwandte ihn inne.

Da die Vize seit je selten zufrieden sind, ist die Historie voll von

Machtkämpfen zwischen Königen und Stellvertretern. Besonders heftig ging es 1875/76 zwischen dem progressiven König Chulalongkorn (Rama V.) und seinem Cousin zur Sache, einem konservativen Prinzen.

Dem König reichte es schließlich: Als der Cousin starb – eines natürlichen Todes übrigens –, erklärte er das Uparat-System für beendet. Der Palast stand daraufhin ein paar Jahre leer, bis er 1889 zum Museum erklärt wurde.

Die royale Geschichte ist in dem Bau noch heute zu spüren. Am besten lässt man sich Bilder, Buddhas und alles andere bei einer kostenlosen Führung erklären. Zweimal wöchentlich übrigens auch auf Deutsch.

Höhepunkt solcher Touren ist stets die »Garage«. Dort stehen die königlichen Bestattungswagen: riesige Kutschen aus Teakholz mit kunstvollen Schnitzereien und viel Gold, die nur zum Einsatz kommen, wenn ein sehr wichtiges Mitglied der regierenden Chakri-Dynastie gestorben ist.

Die älteste der Kutschen stammt von 1795. Die größte ist 13,7 Tonnen schwer. Sie kam zuletzt bei der Beisetzung von König Bhumibol 2017 zum Einsatz.

Gezogen werden die Wagen von Menschenhand, von 222 Soldaten. Es ist furchtbar anstrengend. Auf der Strecke vom Königspalast bis zum Sanam-Luang-Platz, wo die Einäscherungen stattfinden, werden die Männer mehrmals ausgetauscht. Wenn die Soldaten die Wagen wieder in die »Garage« zurückbringen, wissen sie, was sie geleistet haben. Und hoffen, dass es noch sehr lange dauern wird bis zu ihrem nächsten Einsatz.

5

Goldener Berg

344 THANON CHAKKRAPHATDI PHONG,
BAN BAT, POM PRAP SATTRU PHAI,
TEL: +66 9269 09 222.
TÄGL. 8-17 UHR.

TIPP

EINMAL IM JAHR, MEIST IM NOVEMBER, FINDET AM GOLDENEN BERG EIN VOLKSFEST STATT. DANN DÜRFEN AUCH EINFACHE GLÄUBIGE INS INNERE DES CHEDI. DER ANDRANG IST ENORM. DIE SCHLANGEN REICHEN VIELE STRASSEN WEIT.

Wenn die Nacht begonnen hat, ist der Wat Saket ein Ort von geradezu unwirklicher Schönheit. Der Golden Mount, so sein englischer Name, leuchtet dann wirklich vollkommen golden über den Dächern.

Tatsächlich wie ein Goldener Berg. Manche sagen auch: wie ein Kreuzfahrtschiff, das sich irgendwie den Weg gebahnt haben muss über den Chao Phraya und die Kanäle bis mitten hinein in die Stadt.

Dabei war das früher einer der schlimmsten Plätze überhaupt. Ende des 18. Jahrhunderts, als Bangkoks Zeit gerade begann, verbrannten die besseren Leute hier ihre Toten. Die Armen hatten nicht einmal dafür Geld. Sie

legten ihre Angehörigen einfach hier ab. Den Rest besorgten Hunde und Geier. Der Gestank muss fürchterlich gewesen sein.

Bis das Königshaus einen 80 Meter hohen künstlichen Berg aufschütten ließ, den man über einen Rundgang besteigen kann, gesäumt von einem tropischen Garten mit kleinen Wasserfällen. Heutzutage dudelt aus Lautsprechern dazu der monotone Sprechgesang von buddhistischen Mönchen.

Bis ganz nach oben, bis zum Chedi, wie die Spitztürme von buddhistischen Bauten heißen, sind es genau 318 Stufen. In der Hitze kann der Aufstieg eine Tortur sein. Der Blick auf die Stadt ist dann aber einer der schönsten überhaupt. Und es ist dort oben erstaunlich still.

In den Innenraum des Chedi dürfen nur die kahlrasierten Mönche in ihren orangefarbenen Roben. Im Vorraum kann man ihnen für ein paar Euro die Grundausstattung kaufen, eingepackt in Cellophan: das Gewand, ein paar Lebensmittel, Zahnpasta und – warum auch immer – auch noch ein Anti-Schuppen-Shampoo. So etwas spenden Thais gern. Almosen von Farangs sind ebenfalls sehr willkommen.

6

Buddha Mächtig

2 SANAM CHAI RD, PHRA BOROM MAHA RATCHAWANG, PHRA NAKHON, TEL. +66 2226 0335. TÄGL. 8-18.30 UHR.

TIPP

ABENDS KURZ VOR DER OFFIZIELLEN SCHLIESSUNG KOMMEN VIELE MÖNCHE IN IHREN ORANGEFARBENEN GEWÄNDERN ZUM GEBET AUF DIE ANLAGE. WICHTIG AUCH: AN EINEM TRINKWASSER-AUTOMATEN KANN MAN SEINE WASSERFLASCHE KOSTENLOS AUFFÜLLEN.

Der Wat Pho, auf halber Strecke zwischen Großem Palast und Fluss, ist vermutlich der älteste von allen Tempeln der Stadt. Der Wat Photaram – so der ursprüngliche Name – dürfte bereits im 17. Jahrhundert gegründet worden sein. Als Bangkok Hauptstadt wurde, ließ König Rama I. die Anlage erweitern. Das dauerte von 1789 bis 1801. Die Nachfolger bauten dann, jeder für sich, immer etwas Eigenes dazu.

So kommt es, dass sich auf dem Gelände inzwischen fast hundert Stupa-Monumente – vier davon über 40 Meter hoch – und mehr als tausend Buddhas befinden. Zudem gibt es hier die älteste Massageschule der Stadt und ein

Zentrum für traditionelle Thai-Medizin. In beiden wird noch gearbeitet.
Die größte Attraktion ist jedoch der Ruhende Buddha: 46 Meter lang, 15 Meter hoch und vollständig mit Gold überzogen. Eine Figur von enormen Dimensionen, die auf jeden Eindruck macht. Allein die Fußsohlen: Sie sind verziert mit 108 Perlmutt-Bildern, die Szenen aus Buddhas Leben zeigen.
Der Wat Pho ist der erste auf der Liste der »Königlichen Tempel Erster Klasse«. Heißt: Wenn es einen neuen König gibt, führt einer seiner ersten Wege hierhin. So ist das leider auch mit den Touristen. Viele Reiseführer empfehlen, falls in Bangkok nur Zeit für einen einzigen Tempel bleibt, den Wat Pho. Das hat durchaus seine Berechtigung, aber so ist die Anlage meist überlaufen.
Es geht aber auch anders. Man darf den Wat Pho außerhalb der regulären Öffnungszeiten besuchen. Die Wärter lassen einen sogar mitten in der Nacht hinein. Der Tempel mit dem Ruhenden Buddha ist dann abgesperrt und die Massageschule geschlossen. Dafür hat man den großen Rest der Anlage mit den Stupas und den vielen anderen Buddhas praktisch für sich allein. Ohne Hitze, ohne Schweiß, ohne Lärm. Ein ganz anderes Bangkok. Ein Erlebnis, das man nicht so schnell vergisst.

7

Königliche Pillendreher

9 SOI THESA, BAMRUNG MUANG RD,
WAT RATCHAPHOBIT, PHRA NAKHON,
TEL. +66 2221 8070. TÄGL. 9-17 UHR.
WWW.MOWAAN.COM
(AM BESTEN VORAB PER MAIL UM EINE
KLEINE FÜHRUNG BITTEN)

TIPP

MAN BEKOMMT DIE MO-WAAN-KÜGELCHEN INZWISCHEN AUCH AN ANDEREN ORTEN DER STADT, ZUM BEISPIEL IN SHOPPING-MALLS WIE ICONSIAM ODER CENTRAL EMBASSY ODER IM DUTY-FREE-BEREICH DES FLUGHAFENS SUVARNABHUMI.

Traditionelle chinesische Medizin? Hat jeder schon gehört. Thailands klassische Heilmethoden? Sind selbst dort kaum noch bekannt.

Phasinee Yonatai gehört zu den Leuten, die das gern ändern würden. Ihr Urgroßvater Waan Rod Muang war einer der ersten zertifizierten Heiler im Königreich Siam, wie Thailand früher hieß. Fast täglich experimentierte er mit neuen Kräutermischungen gegen alle möglichen Krankheiten. Die Mittelchen setzte er stets von Hand an.

Und er hatte Erfolg. Mo Waan (Doktor Waan) schaffte es bis zum Königlichen Hoflieferanten. Aus seiner Apotheke in der Nähe des Großen Palastes versorgte er

das Königshaus, kümmerte sich aber auch um die Leute in der Nachbarschaft. Wer ein Problem hatte, kam zu ihm. In Bangkok, das damals längst noch nicht so groß war wie heute, kannte ihn jeder.

Der Doktor starb 1945 mit 75 Jahren. Die Apotheke wurde unter anderem Namen weitergeführt. Bis die Urenkelin sie übernahm und in »Mo Waan« zurückbenannte.

Das Gebäude steht nach wie vor am angestammten Platz. Das Haus von außen, die Inneneinrichtung – alles voller Geschichte. Selbst die Instrumente und Bottiche, in denen die Kräutermischungen angesetzt werden, sind noch die des alten Doktors. Natürlich werden auch seine Rezepte eingehalten. Auch wenn es immer schwieriger wird, Zutaten wie Tigerpilze zu bekommen. Der Legende nach wachsen die Pilze nur, wo eine Tigerin beim Säugen des Nachwuchses Muttermilch auf den Boden tropfen lässt. »Das ist natürlich Quatsch«, sagt Phasinee. Aber dass man den Pilz nur noch selten findet, stimmt schon.

Wenn alle Zutaten vorhanden sind, mischen Mitarbeiter die Kräuter von Hand. Die Paste muss einige Zeit ziehen und wird dann in klitzekleine Kügelchen gerollt. Von diesen wiederum werden die wertvollsten mit echtem Gold überzogen.

In der Apotheke kann man bei

der Herstellung zugucken, sich alles erklären lassen, auch auf Englisch, und die Medizin dann kaufen. Das macht eigentlich jeder. Wobei in der Regel nur die Einheimischen die Arznei schlucken. Ausländer behalten die goldenen Kügelchen meist als Souvenir.

8

Rucksackland

KHAO SAN ROAD, BANG LAMPHU, RUND UM DIE UHR GEÖFFNET.

TIPP

AM UNTEREN ENDE DER KHAO SAN, EINE STRASSE WEITER, GIBT ES EINES DER BESTEN VEGETARISCHEN RESTAURANTS DER STADT, DAS MAY KAIDEE: 59 THANON RATCHADARMNOEN, TALAT YOT, PHRA NAKHON, TEL. +66 2629 4413. DI-SO 9-22 UHR. WWW.MAYKAIDEE.COM; MAY KAIDEE BIETET AUCH KOCHKURSE AN.

Die Khao San Road ist auch nicht mehr das, was sie einmal war. Grell sind die 400 Meter Straße geworden, arg touristisch und an manchen Ecken richtig kriminell. Aber so viel Geschimpfe wie in jüngster Zeit hat die berühmteste Backpacker-Straße der Welt doch nicht verdient.

Zwischenzeitlich versuchten die Stadt-Oberen sogar, die Händler mit ihren nachgemachten Buddhas, den gefälschten Sonnenbrillen und dem billigen Thai-Food komplett von der Khao San zu vertreiben. Es hat, wie so vieles in Bangkok, nicht geklappt. Aber bei nächster Gelegenheit werden die Pläne bestimmt wieder aus der Schublade geholt. Alles soll modern

werden, sauber, reglementiert. Ohne das Chaos, das Besuchern so gefällt.

Wie auf der Thanon Khao San. Bis Ende der 1970er war die »Straße des geschliffenen Reises« noch ein normales Wohngebiet im Altstadtviertel Bang Lamphu. Dann machte »Bonny« auf, das erste Hotel: sechs Zimmer, 40 Baht pro Nacht, nicht einmal ein Euro.

Nach und nach wurde die Khao San zum Mittelpunkt der Backpacker-Welt. Der Engländer Alex Garland erfand den Begriff »Rucksackland« dafür. Sein Buch *The Beach* wurde mit Leonardo DiCaprio verfilmt.

Zitat daraus: »Beinahe alle Gebäude waren zu Pensionen umgebaut. Es gab klimatisierte Telefonzellen für Auslandsgespräche. In den Cafés zeigten sie brandneue Hollywood-Filme auf Video, und man konnte keine fünf Schritte tun, ohne an einem Stand mit Raubkopie-Kassetten vorbeizukommen.«

Heute ist das alles weg: die superbilligen Unterkünfte, die Telefonzellen und die Videokassetten. Rucksäcke gibt es auch nicht mehr so viele: Selbst Backpacker sind nun mit Rollkoffer unterwegs.

Stattdessen haben sich Billigschneider, Wechselstuben und Tattoo-Studios breitgemacht. Ohne große Mühe bekommt man hier nun gefälschte Papiere und Ausweise aller Art.

Als Mutprobe kann man allerlei Kriechtier essen; Krokodile werden hier wie Spanferkel gegrillt. Mit dem Rest von Bangkok hat das alles wenig zu tun.

Aber an guten Abenden ist die Khao San noch wie früher. Bier aus dem Kübel, Pad Thai und laute Musik – viel mehr brauchen die 20-Jährigen aus aller Welt immer noch nicht, um Party zu machen. Gute Sache eigentlich.

9

Kraft der Amulette

SANAM PHRA, PHRA NAKHON.
GUT ZU ERREICHEN ÜBER DIE BOOTS-ANLEGESTELLE THA CHANG.
TÄGL. 8-18 UHR, OFT AUCH LÄNGER.

TIPP

MAN KANN AUF DEM AMULETTMARKT AUCH SCHÖNE STATUEN UND ANDERE SOUVENIRS FINDEN. ABER ACHTUNG: NICHT ALLES IST ECHT.

Den ersten Eindruck, wie abergläubisch Thais sein können, gibt es gewöhnlich gleich im Taxi vom Flughafen. Am Rückspiegel baumeln außer dem üblichen Blumenkranz die verschiedensten Amulette: Steine, Tonplättchen, Zähne von Tieren, gern auch kleine Buddhafiguren oder Mönchbilder in Plastikrahmen. Für Bangkoks Taxifahrer ist das als Unfallversicherung wichtiger als ein Sicherheitsgurt. Danach sucht man auf der Rückbank oft genug vergebens.

Der Glaube an die schützende Kraft ist aber keineswegs die Sache einer einzigen Berufsgruppe. Die Amulette sind weit verbreitet: im Auto, in der Wohnung, am Arbeitsplatz, als Schmuck.

Schätzungen zufolge geben die Bangkoker jedes Jahr mehr als 100 Millionen Euro für Glücksbringer aus. Eigentlich gibt es für alles ein Amulett. Fürs Auto: Pra Rod. Für Reichtum: Pra Nang Praya. Für die Gesundheit: Pra Leela Thung Sethi. Wenn doch etwas passiert, war das Amulett nicht stark genug – oder eben nicht das richtige.
Zentrum des Handels ist der Amulettmarkt am Fluss, ein Gewirr von überdachten Gassen in der Nähe des Großen Palastes. Hier sind von früh bis spät Glücksjäger unterwegs – meist Männer mittleren Alters, die mit der Lupe in Augenschein nehmen, was das Angebot wert ist. Die ehrliche Antwort: so gut wie nichts. Der materielle Wert eines Amuletts ist normalerweise äußerst gering.
Bedeutung erhält es, wenn es von einem wichtigen Tempel herausgegeben wurde oder, noch besser, von einem namhaften Mönch gesegnet oder gar getragen wurde. Dann ist es angeblich mit besonders viel Sak Sit aufgeladen, mit magischer Energie.
Grundsätzlich gilt: je älter und schmutziger, desto besser. Dann hat das Amulett schon Glück angesammelt. Ideal ist, wenn jemand damit einen Unfall oder eine Kugel überlebt hat.
Die Preise beginnen bei einem Euro und können in die Tausende gehen.

Wobei: Man kauft oder besitzt ein Amulett eigentlich nie. In Wahrheit gehört seine Kraft ohnehin nicht den Sterblichen. Die Händler fassen das so zusammen: »Wir sagen immer, dass wir die Amulette nur vermieten. Unser auf Erden sind sie nicht.«

10

Platz der Thais

RATCHADAMNOEN AVENUE, PHRA BOROM MAHA RATCHAWANG, PHRA NAKHON.

TIPP

AN MANCHEN KÖNIGLICHEN FEIERTAGEN WIRD AUF DEM SANAM LUANG EINE KLEINE STADT AUFGEBAUT, MIT KOSTENLOSEM ESSEN UND MIT GRATISMASSAGEN, AUCH FÜR AUSLÄNDER.

Der Sanam Luang kann ein grausamer Platz sein. Eine riesige Fläche aus Beton und verbranntem Rasen, die keinerlei Schutz bietet, wenn die Sonne wieder mal vom Himmel brennt. Auch die vielen Hundert Tamarind-Bäume geben kaum Schatten. Sie leiden selbst.

Man sollte das »Königliche Feld« trotzdem gesehen haben. Nicht nur wegen der Prachtbauten rundum: Großer Palast, Nationalmuseum, Nationaltheater, drei Universitäten und all die Tempel. Der Sanam Luang ist ein guter Platz, um Thailand verstehen zu lernen.

Hier wurde und wird immer wieder Geschichte gemacht. Auf dem Sanam Luang kam die Nation schon oft zusammen – insbesondere wenn es galt, von Königen Abschied zu nehmen. Hier trieb man sie auch auseinander – wie 1976, als Polizei und Militär Studentenproteste so brutal niederschlugen, dass mindestens 46 Menschen starben. Oder 1992 im sogenannten Schwarzen Mai, weiteren Unruhen, mit offiziell 52 Toten.

Die Geschichte der Esplanade reicht jedoch viel weiter zurück, bis in die Anfangszeit der heutigen Dynastie. Ende des 18. Jahrhunderts war dies der Ort, wo verstorbene Mitglieder des Königshauses eingeäschert wurden. Später wurde Reis angebaut, auf Pferde gewettet und Golf gespielt.

Seit 2010 ist der Platz in seinem heutigen Zustand – was auch bedeutet, dass überall Überwachungskameras hängen. Opposition ist schwierig in Thailand. Die beiden mächtigsten Kräfte des Landes – Königshaus und Militär – nutzen den Platz gern.

Jeden Mai wird hier die »Zeremonie des Ersten Pflügens« abgehalten, damit die Reisernte gut ausfällt. Selbst für den König ist das ein Pflichttermin. Zudem wird auf dem Sanam Luang dem Monarchen und dessen engster Verwandtschaft zu jedem Geburtstag gehuldigt. Dabei müssen die Royals nicht selber anwesend sein. Die Treuesten der Königstreuen, oft viele Tausend, bleiben in der Regel unter sich.

Die größte Aufmerksamkeit gilt dem Sanam Luang jedoch, wenn jemand aus dem Königshaus tot ist. Für den 2016 gestorbenen Langzeit-Monarchen Bhumibol wurde mitten auf dem Platz ein riesiger Tempelkomplex errichtet: im Zentrum ein goldener Nachbau des Berges Meru, der für Buddhisten wie für Hindus Mittelpunkt des Universums ist, geschmückt bis obenhin.

Geschätzte Gesamtkosten: 75 Millionen Euro. Zehn Monate dauerte der Bau. Die Zeremonie war nach ein paar Stunden vorbei. Als vom toten König nur noch Asche übrig war, riss man den Berg wieder ab. Jetzt lassen die Thais auf dem Sanam Luang, wenn es nicht zu heiß ist, wieder Drachen steigen.

Dusit

11

Café Alt-Wien

PHAYA THAI PALAST,
315 RATCHAWITHI ROAD, THUNG PHAYA THAI, KHAN RATCHATHEWI,
TEL. +66 2354 8376.
TÄGL. 8.30-19 UHR.

TIPP

EIN »KAFFEEHAUS«-KLASSIKER DER ANDEREN ART IST DAS ON LOK YUN, DAS SCHON SEIT MEHR ALS 80 JAHREN AMERICAN BREAKFAST NACH THAILÄNDISCHER ART SERVIERT. 72 THANON CHAROEN KRUNG, WANG BURAPHA PHIROM, PHRA NAKHON, TEL. +66 2239 9621.

Wenn Yingyot Thapanapaha morgens zur Arbeit kommt, stellt er seinem König immer ein Glas Wasser hin. »Ich weiß, wie sehr ihm das gefällt«, sagt er. Dabei weiß er auch, dass er das Glas am Abend wieder genauso voll abräumen wird. Weil nie jemand auch nur einen Schluck daraus trinkt. Denn der Regent, den Yingyot so schätzt, ist schon seit bald einem Jahrhundert tot. König Vajiravudh (Rama VI.), ein Mann mit großem Interesse an der europäischen Kultur, regierte in den Jahren 1910 bis 1925. In seiner Zeit wurde in Bangkok das erste Kaffeehaus eröffnet, das Café de Norasingha. Der König baute sich auch eine neue Residenz, den Palast Phaya Thai.

Dort hat Yinghot heute seinen Arbeitsplatz, in der alten Wartehalle, wo sich die Leute gedulden mussten, bis sie zum Monarchen vorgelassen wurden.
Im neuen Café de Norasingha steht zu Ehren von Vajiravudh ein gerahmtes Bild. Das tägliche Glas Wasser davor gehört zu den wunderbar altmodischen Dingen, für die das Norasingha bekannt ist: für die neoklassizistische Architektur, die Antiquitäten, die Kronleuchter und die Kaffeehausmusik, die aus den Weltempfängern kommt. Sogar Zeitungen liegen hier noch aus.
Es ist tatsächlich ein bisschen wie in Wien. Abgesehen davon, dass alle Leute nach thailändischer Sitte strumpfsockig oder barfuß unterwegs sind. Und dass der ausgesprochen gute Milchkaffee einen Bruchteil dessen kostet, was man in Wiener Kaffeehäusern für eine Melange zahlt.
Touristen trifft man im Norasingha selten. Die Thais kommen gern hierher, vor allem die Beamten aus den umliegenden Behörden, aber neuerdings auch viele jüngere Leute mit ihren Laptops. Es ist ein Ort mit sehr nostalgischem Charme.
Für einen Besuch spricht auch das günstige Essen, eine Mischung aus Thai-Food und europäischen Gerichten. Von den »German Sausages«, bei aller sonstigen Wertschätzung, ist jedoch abzuraten.

12

Hotel der Antiquitäten

3/2 KHAO ROAD, WACHIRA, TEL. +66 2206 6999. AM BESTEN ZU ERREICHEN MIT DEM HAUSEIGENEN BOOT AB SATHON TAKSIN PIER, NUR MIT RESERVIERUNG. WWW.THESIAMHOTEL.COM

TIPP

NICHT VERWECHSELN MIT DEM SIAM-HOTEL DER ANANTARA-KETTE IN DER NÄHE DES LUMPHINI-PARKS – EBENFALLS MIT FÜNF STERNEN, ABER OHNE SOLCHEN CHARME.

An sehr guten Abenden lässt sich die Besitzerin im »The Siam« das Mikrofon bringen. Kamala Sukosol nuschelt dann erst ein paar Sätze. »Keine Zeit für Proben gehabt. So lange nicht mehr gesungen.« Dann legt sie los. Und man bekommt eine Vorstellung davon, wie das in den großen Jahren des thailändischen Jazz gewesen sein muss. Die Dame mit der Betonfrisur gehörte einst zu den besten Sängerinnen des Landes. Ihre Platten sind mehrfach prämiert. Und sie kann es noch. So wie der jüngste Sohn, Krissada, auch schon über 40, der eine Karriere als Popmusiker und Schauspieler hinter sich hat.
Reich wurden die Sukosols anders. Als thailändische Lizenz-

nehmer des US-Konzerns General Electric sowie mit dem Import von Autos: Klassikern wie Studebaker, DAF oder NSU. Und mit Hotels. Heute gehören der Familie fünf Häuser in Bangkok und Pattaya.
Um das »Siam« kümmern sich Chefin und Jüngster persönlich. Eröffnet wurde es erst 2012. Kein Vergleich zu Hotel-Legenden wie dem »Oriental«, zumal es nur 39 Zimmer und ein paar Villen hat. Trotzdem ist es vielleicht das Hotel, das Bangkok, so wie es früher einmal war, am nächsten kommt.
Das hat auch mit der Lage zu tun. Für Leute, die in der Nähe der wichtigen Sehenswürdigkeiten nächtigen wollen, ist das »Siam« nichts. Mit dem hauseigenen Boot dauert es über eine halbe Stunde, bis man hier draußen ist.
Aber dann. Die Anlegestelle ist direkt unter der Saphan-Phut-Brücke, einer 230 Meter langen Stahlkonstruktion aus den 1930er Jahren. Vom Pier führt der Weg zu vier alten Thaihäusern aus Teakholz. Hier geht es los mit den eigentlichen Schätzen, den Antiquitäten. Im Lauf der Jahre haben sich die Sukosols eine Sammlung aufgebaut, die groß und gut genug für ein Museum wäre. Und sie wollen sie auch zeigen.
Zu den ältesten Stücken gehören einige chinesische Vasen aus dem dritten Jahrhundert vor

Christus. Aber das Alter ist es nicht. Im »Siam« haben sie eine ziemlich perfekte Mischung aus antiken Gegenständen und Dingen, die man früher auf dem Markt von Chatuchak finden konnte oder in einem Hinterzimmer in Chinatown.

Wie ein paar alte Apothekerschränke mit thailändischen Schriftzeichen, zwei Sessel in Tigerform oder alte Stadtpläne. Für Musikfreunde gibt es einen eigenen Raum mit Vinyl-Platten. An der Wand hängt das Originalplakat eines Miles-Davis-Konzerts in Paris. Hier hält sich die Chefin gern auf.

Abends um zehn fährt das Boot des »Siam« übrigens zum letzten Mal in die Stadt zurück, vorbei an all den erleuchteten Tempeln und Palästen. Viel schöner kann man einen Abend in Bangkok nicht ausklingen lassen. Das Boot dürfen auch Gäste benutzen, die nur zum Essen da waren.

13

Stadion der Thaiboxer

RAJADAMNERN STADIUM, RAJADAMNERN NOK ROAD, KÄMPFE MO, MI, DO, SO 19-23 UHR. TICKETS ÜBER: WWW.RAJADAMNERN.COM/TICKETS

TIPP

MAN KANN SICH IM MUAY THAI AUCH SELBER VERSUCHEN, ZUM BEISPIEL IN KURSEN BEI LEGEND THAI BOXING, 66 SOI SATHON 6, SILOM, BANG RAK, TEL. +66 2632 1882

Wie es sich gehört, ist in Thailand sogar das Boxen zunächst einmal eine ausgesprochen höfliche Angelegenheit. Bevor ein Kämpfer in den Ring steigt, bittet er die Geister in seiner Ecke dreimal um Schutz und Erlaubnis. Zu Ehren des Gegners legt er die Hände zum Gruß zusammen. Schließlich tänzelt er eine Weile über die Bretter, als Dank an seine Lehrer, die ihn so weit gebracht haben.

Dann ist es mit der Freundlichkeit vorbei. Hat der Kampf begonnen, ist so gut wie alles erlaubt: Schläge mit den Fäusten, mit den Ellenbogen, Tritte mit den Füßen und mit den Knien. Deshalb gilt Muay Thai – im Ausland Thaiboxen genannt –

als die »Kunst der acht Gliedmaßen«.

Gezielt werden darf auch ziemlich überall hin. Nur nicht in den Unterleib und nicht auf Hinterkopf, Rücken oder Knie. Die Sache kann brutal werden.

Wer sich das anschauen mag, geht am besten in die älteste Box-Arena der Stadt, das Rajadamnern-Stadion. Es ist von 1945. Die Luft ist schlecht, das Essen auch, und es bröckelt der Putz. Aber die Konkurrenz, das Lumphini-Stadion am gleichnamigen Park, wurde abgerissen. Der Neubau, der jetzt woanders steht, hat keine rechte Atmosphäre.

Im Rajadamnern herrscht an vier Abenden pro Woche Hochbetrieb. Neun Kämpfe, fünf Runden zu jeweils drei Minuten, kaum eine Pause.

Die Damen am Einlass versuchen, die Ausländer direkt am Ring zu platzieren. Dort sieht man besser, zahlt aber auch zehnmal so viel wie die Thais auf den billigsten Rängen. An diese Tickets kommen Farangs – also westliche Ausländer – unter keinen Umständen heran.

Also kauft man sich am besten einen Sitzplatz für die nicht ganz so teure Club-Klasse und zieht nach den ersten Kämpfen unauffällig um in den Zweiten Rang. Das sind die Plätze, wo die Thais eigentlich unter sich sind. Wo es laut wird. Wo gezockt wird, was geht.

Anders als bei vielen sonstigen

Gelegenheiten in Thailand ist beim Muay Thai Wetten erlaubt. Für jeden Kampf gibt es Quoten, aber die ändern sich noch während der Runden. Zum Ende hin, wenn die Männer im Ring richtig aufeinander einprügeln, wird wild hin und her gebrüllt und gestikuliert. Ist der Kampf vorbei, wechseln 1000-Baht-Noten bündelweise die Besitzer.

Zum Abschluss des Abends ziehen viele Zuschauer noch an die Essensstände draußen vor dem Rajadamnern. Oft setzt sich einer der Kämpfer mit an den Tisch. Eine Frage der Höflichkeit.

Thonburi

14

Fluss der Könige

TIPP

EINE RICHTIG SCHÖNE FLUSSPROMENADE GIBT ES IN BANGKOK BISLANG NICHT. IN EINER DER ALTEN LAGERHALLEN VON KHLONG SAN HAT ABER DIE »JAM FACTORY« AUFGEMACHT, EINE MISCHUNG AUS BÜROS, RESTAURANTS, LÄDEN UND MARKT. HIER FÜHRT AUCH EIN WEG DEN FLUSS ENTLANG. 41 / 1-5 THANON CHAROEN NAKHON, KHLONG SAN, TEL. +66 2861 0950. WWW.THEJAMFACTORY.LIFE

Einer der ersten Deutschen, die nach Bangkok kamen, war der Botaniker Johann Gerhard König (1728–1785). Auf einer Reise von Indien durch Siam nach Malakka fuhr er 1778 den Chao Phraya entlang. Im Tagebuch berichtete er von Krokodilen rund um das Schiff, die »schrecklichen Lärm« machten. »Aber die Leute sagen, dass wir von ihnen hier nichts zu befürchten hätten. Gefährlich sind sie nur weiter landeinwärts.« So wagte sich König ans Ufer, wo er einen Trampelpfad entdeckte. Als er feststellte, dass der Pfad wohl nicht von Menschen, sondern von Krokodilen stammte, machte er sich allen Beschwichtigungen zum Trotz schnellstens auf den Rückweg.

Solche Gefahren gibt es schon lange nicht mehr. Man würde die Krokodile wahrscheinlich gar nicht mehr sehen: Der Mae Nam Chao Phraya (was man am besten mit »Der Herzogliche Fluss« übersetzt, obwohl die Briten »The River of Kings« daraus gemacht haben, den Fluss der Könige) ist heute eine traurige Angelegenheit: eine braune Brühe, die träge dahinfließt, ohne viel Leben, extrem verdreckt.

Wer einmal auf dem Fluss unterwegs war, mit einem der Touristenboote oder einer der Fähren, käme nie auf die Idee, auch nur die Hand hineinzuhalten. Selbst von den »Schatztauchern«, die Amulette, Münzen oder Fotoapparate aus dem Wasser ziehen, sind heute kaum noch welche übrig.

Trotzdem – eines dieser Bangkoker Paradoxe – kann der Chao Phraya sehr idyllisch sein: abends, auf einem der Boote, in einem der Restaurants direkt am Wasser oder an einem der hölzernen Stege.

Oder bei einem Spaziergang am Ufer im Stadtteil Khlong San. Auf der Westseite des Flusses, zwischen den kleinen Häusern und den alten Lagerhallen, lässt sich wunderbar durch die Gassen wandern.

Man entdeckt dann zum Beispiel direkt am Chao Phraya ein Minarett und die Saifee-Moschee: ein zweistöckiger Bau aus Marmor und Granit, gestiftet 1907 von einem muslimischen Diamantenhändler aus Indien, der in Bangkok reich geworden war. Marmor und Granit waren eigentlich für eine neue Thronhalle im Königspalast bestimmt, wurden aber nicht mehr gebraucht. Also kaufte der Geschäftsmann die Reste auf.

Im selben Viertel finden sich thailändische Tempel und chinesische Schreine, die man meist für sich allein hat. Und es gibt einen kleinen Park zur Erinnerung an die Mutter des verehrten Königs Bhumibol und seines früh verstorbenen Bruders, König Ananda. Großstadt ist hier nicht wirklich. Dafür hat Khlong San sehr nette Leute, gute Straßenküchen und eine Vielzahl kleiner Läden.

Zurück auf die andere Seite kommt man am besten mit der Fähre, in zwei Minuten nur. Man kann von hier aus aber auch bis zur Mündung des Chao Phraya fahren, die Strecke von Johann Gerhard König. Bis zum Meer sind es 35 Kilometer. Keine Krokodile.

15

Holländer in Gelb

ADRESSEN: TEMPEL WAT THONG THAMMACHAT, 141 SOMDET CHAO PHRAYA RD, KHWAENG KHLONG SAN, 10600 KHLONG SAN, TEL. +66 2437 9067. BÜRO: RIVER CITY, 24 TALAD NOI, TEL. +66 2639 7351. TÄGL. 9-19 UHR.

TIPP

ANDERE ANBIETER VON FAHRRADTOUREN: BANGKOK BIKE TOURS (WWW.GOBANGKOKTOURS.COM), BANGKOK BIKE ADVENTURE (WWW.BANGKOKBIKEADVENTURE.COM), GRASHOPPER ADVENTURES (WWW.GRASSHOPPERADVENTURES.COM), ABC AMAZING BANGKOK CYCLIST (HTTP://WWW.REALASIA.NET/).

Wer sich in Bangkok aufs Fahrrad setzt, braucht eine ziemliche Portion Mut. Oder muss zu einem gewissen Maß verrückt sein. Oder Holländer. So wie Jacobus van Kessel, der Fahrradtouren in die Stadt brachte.

Die Idee dazu hatte der Bangkok-Liebhaber aus der niederländischen Provinz in den 1970er Jahren. Damals schon trug van Kessel außer Oranje gern ein gelbes Trikot – was praktischerweise nicht nur die Farbe des thailändischen Königshauses ist, sondern zudem sehr auffällig, wenn man zwischen all den Autos mit dem Rad unterwegs ist. Gut so. Denn eigentlich können die Bangkoker mit Leuten, die sich in ihrer Stadt auf ein Zwei-

rad setzen, das keinen Motor hat, überhaupt nichts anfangen.
Auf die Idee, damit längere Strecken zurückzulegen, käme hier niemand. Zu viele Autos, deren Fahrer zu wenig Rücksicht nehmen. Zu schlechte Straßen mit zu vielen Löchern. Zu schlechte Luft. Und: viel zu heiß.
Die Einheimischen nutzen das Rad allenfalls in den Seitenstraßen. Manchmal sieht man ältere Damen, wie sie in unglaublich langsamem Tempo zum Markt radeln und wieder zurück. Das Kampfradeln wie in deutschen Städten ist die Sache der Thais jedenfalls nicht. Die öffentlichen Leihräder, die es seit ein paar Jahren gibt, bleiben ungenutzt am Straßenrand stehen.

Fahrradtouren für Touristen haben sich dennoch auch hier durchgesetzt. Es ist eine ziemlich ideale Methode, um die Stadt aus anderem Blickwinkel kennenzulernen. Entlang der Kanäle sieht man seit einigen Jahren häufiger Gruppen verschwitzter Europäer, oft mit den gelben Rädern des Holländers.
Co van Kessel hat nichts mehr davon. Er starb im Juli 2012 mit 61 Jahren an Krebs. In seinem alten Büro wird die Erinnerung an den Gründer mit einer kleinen Tonfigur lebendig gehalten, die auf einem Mountainbike sitzt. Tag für Tag gibt es frische gelbe Blumen.
Und Freunde haben dem Holländer, der in Bangkok Buddhist

wurde, einen Schrein gebaut: im Wat Thong Thammachat, einem Tempel auf der anderen Seite des Flusses, den van Kessel oft zum Meditieren besuchte. Dort befindet sich auch seine Asche. In einer Stupa, die so gelb gestrichen ist, wie es gelber nicht geht.

16

König und Mörder

2 KHWAENG SIRIRAJ, KHET BANGKOK NOI, TEL. +66 2419 2600. ÖFFNUNGSZEITEN DES MUSEUMS: TÄGL. 10-16 UHR. HTTP://WWw1.SI.MAHIDOL.AC.TH/EN/

TIPP

GANZ IN DER NÄHE DES SIRIRAJ BEFINDET SICH EINE DER BESTEN ADRESSEN FÜR STREETFOOD, DER WANG LANG MARKET. HEISS, ENG, ABER AUSGESPROCHEN LECKER.

Mit dem Siriraj-Krankenhaus, dem größten und ältesten der Stadt, verbinden die Thais zwiespältige Gefühle. Zum einen ist das Siriraj das Krankenhaus der Königsfamilie. Benannt wurde es nach einem Sohn von König Chulalongkorn (Rama V.). Der kleine Prinz starb 1886 mit nur anderthalb Jahren an der Ruhr. Hier verbrachte auch König Bhumibol (Rama IX.) einen Großteil seiner letzten Jahre. Als es mit ihm zu Ende ging, schaute das Land mit Bangen auf sein Zimmer im elften Stock. Nach seinem Tod im Oktober 2016 begleiteten Hunderttausende den Trauerzug aus der Klinik.

Zum anderen verbinden die Thais mit dem Siriraj das Schick-

sal eines ihrer vermeintlich schlimmsten Verbrecher. Im Medizin-Museum, einem ohnehin sehr merkwürdigen Ort, steht in einem Glaskasten die Leiche von Si Quey, einbalsamiert in Paraffin. Den Namen kennt hier jedes Kind. Ein böser Mann aus China, ein Serienmörder angeblich, ein Menschenfresser sogar.

»Geh nicht raus, wenn es dunkel ist. Sonst holt dich Si Quey«, sagen thailändische Eltern seit Jahrzehnten.

Das ist natürlich völliger Unsinn. Der Mann ist seit 1959 tot, hingerichtet von einem staatlichen Erschießungskommando. Im Siriraj kann jeder die Leiche besichtigen. Die wächserne Figur steht recht schief in ihrer Vitrine. Inzwischen zweifeln manche Thais, ob das noch in die Zeit passt. Viele fordern, Si Quey den gleichen Respekt zu gewähren wie anderen Toten. Zudem meinen manche, dass er gar nicht alle Morde begangen haben kann, die ihm zur Last gelegt werden.

Tatsächlich ist der Fall nicht so klar, wie die meisten vermuten. Si Quey, Jahrgang 1927, war kurz nach dem Zweiten Weltkrieg als Einwanderer nach Thailand gekommen. Hier fand er Arbeit als Gärtner. 1958 wurde er ertappt, wie er die Leiche eines Achtjährigen verbrennen wollte. Er gab die Tat sofort zu, ebenso wie fünf weitere Morde in anderen Städten. Erst viele Jahre nach seiner Hinrichtung kamen Zweifel, ob der Gärtner, der kaum Thai sprach und nur wenig Geld hatte, wirklich immer der Mörder gewesen sein konnte. Die Klinik hat nun angekündigt, die Angelegenheit zu prüfen.

So etwas kann dauern in Thailand. Zumindest hat man auf dem Glaskasten mit der Leiche schon einmal den Zusatz »Ein Kannibale« entfernt. Jetzt steht dort nur noch »Si Quey«.

17

Kreuze und Madonnen

MUSEUM BAAN KUDICHIN:
271 TEDSABAN, 1 RD WAT KANLAYA,
THON BURI; TEL. +66 8177 25 184.
DI-SO 9.30-18 UHR; EINTRITT FREI.
WWW.BAANKUDICHINMUSEUM.COM

TIPP

ANREISE AM BESTEN MIT DEM BOOT ÜBER DIE HALTESTELLE WAT KANLAYA, DANN DREI MINUTEN DEN FLUSS ENTLANG ZU FUSS. UNBEDINGT EINEN ZWISCHENSTOPP AM KUAN AN KENG EINLEGEN, EINEM ALTEN CHINESISCHEN SCHREIN.

Die Thais sind mächtig stolz darauf, dass sie als einziges Land der gesamten Region nie Kolonie waren. Lässt sich nachvollziehen. Abgesehen davon, dass ihrer Hauptstadt ein paar zusätzliche Bürgersteige nach französischem Vorbild nicht schaden würden und vielen Bangkokern gewisse Grundkenntnisse der englischen Sprache ebenfalls nicht.

An manchen Ecken sieht man den Einfluss von europäischen Ausländern aber doch. Wie im Portugiesenviertel Kudichin am westlichen Ufer des Chao Phraya.

Es ist ein anderes Bangkok als das buddhistische: kleine, pastellfarbene Häuser mit der Jungfrau Maria im Erker.

Die ersten portugiesischen Seeleute kamen Anfang des 16. Jahrhunderts ins Königreich Siam. In der damaligen Hauptstadt Ayutthaya bauten sie die erste katholische Kirche. Nach dem Fall der Stadt 1767 zogen die Portugiesen mit nach Bangkok. König Taksin gab ihnen ein Stück Land direkt am Fluss, wo sie gleich eine neue Kirche errichteten: Santa Cruz, Heilig Kreuz. Ringsherum leben Buddhisten, Muslime und Christen seit einem Viertel Jahrtausend friedlich zusammen.

Das alte Gotteshaus aus Holz brannte mehrmals nieder. Die heutige Kirche aus Stein stammt von 1916. Die Thais kennen sie unter dem Namen Wat Kudichin (Kudichin-Tempel). Sie könnte genauso in Lissabon oder in Coimbra stehen.

Im Labyrinth der Gassen lässt sich neben diversen Heiligen entdecken, wie prägend der europäische Einfluss auf kulinarischem Gebiet war. Die Portugiesen brachten unter anderem Eigelb, Stärke und Nüsse in die Küche. Hier gibt es die Crèmetörtchen Pastel de Natas (in einer Thai-Variante mit Zitronengras), eine ausgezeichnete Fischsuppe namens Kaeng Ngao Ngord und einen Kuchen mit Trockenfrüchten, dessen Rezept seit Generationen weitergegeben wird. Er heißt Khanom Farang. Ausländerkuchen.

Vor ein paar Jahren haben Chatchai und Navinee Pongthai, Thai-Portugiesen in der x-ten Generation, im Viertel ein kleines Nachbarschaftsmuseum eröffnet, das Baan Kudichin. Mit alten Fotos, mit einer Schautafel, wie Portugiesen langsam zu Thais wurden, und mit Azulejo-Fliesen.

Niemand hier käme auf die verrückte Idee, dass Portugal 12 000 Kilometer entfernt ist.

18

Tempel der Morgenröte

158 WANG DOEM RD, WAT ARUN, BANGKOK YAI, TEL. +66 2891 2185. ANFAHRT ÜBER DEN FLUSS.

TIPP

EINE DER ALTERNATIVEN ZUM WAT ARUN, DER MANCHMAL DOCH ARG ÜBERLAUFEN IST, IST DER WAT CHAI CHANA SONGKHRAM AUF DER ANDEREN SEITE DES FLUSSES. DORT LIEGEN AUCH DIE ROOFTOP-BARS DER HOTELS SALA RATTANAKOSIN UND SALA ARUN.

Keine Sorge. Der Wat Arun hat seinen Namen keineswegs daher, dass er in aller Herrgottsfrüh am schönsten ist. Sondern weil er Aruna gewidmet ist, dem indischen Gott der Morgenröte. Es spricht also nichts dagegen, noch eine Weile im Bett zu bleiben.

Die beste Zeit, Bangkoks bekanntestes Wahrzeichen zu besuchen, ist ohnehin am Abend, kurz vor Sonnenuntergang. Idealerweise kommt man mit einem der Linienboote oder einer der kleinen Fähren über den Fluss.

Manche behaupten, dass der Wat Arun dann nicht nur funkelt (wegen seiner Abertausend Porzellankacheln), sondern sogar von innen leuchtet.

Der Kern der Anlage ist älter als

die Hauptstadt selbst. Der erste Tempel wurde errichtet, als das Königreich Siam noch aus Ayutthaya regiert wurde.
In Bangkoks Anfängen war hier für ein paar Jahre der Smaragd-Buddha zu Hause, der inzwischen im Großen Palast auf der anderen Seite des Flusses steht. Den heutigen Namen trägt der Wat Arun seit Mitte des 19. Jahrhunderts.
Der charakteristische große Turm, der Phra Prang, kam später hinzu. Anfangs war er nur wenige Meter hoch. Erst unter der Regentschaft von König Maha Chetsadabodin (Rama III.) zwischen 1824 und 1851 bekam er seine heutige Größe. Nun ragt er, eingerahmt von vier kleineren Türmen, 82 Meter über den Fluss. Für viele ist es das Bild von Bangkok schlechthin.
Man kann sich den Phra Prang von unten anschauen. Man darf aber auch darauf herumklettern. Eine schweißtreibende Angelegenheit. Die Stufen sind steil und eng. Wer es wissen will: Auf der Spitze reitet der Gott Vishnu auf einem Garuda, dem mythischen Zwitterwesen aus Vogel und Mann.
Glücklicherweise gehört der Wat Arun jedoch zu den Sehenswürdigkeiten, die aus einer gewissen Distanz erheblich beeindruckender sind als von ganz nahem.

19

Königliche Gondeln

80/1 ARU AMARIN RD, BANGKOK NOI;
TEL. +66 4240 0004. TÄGL. 9-17 UHR.
HTTP://WWW.FINEARTS.GO.TH/MUSEUM-ROYALBARGES

TIPP

AM BESTEN KOMMT MAN MIT DEM BOOT BIS ZUM WANG LANG PIER. DER KURZE FUSSWEG FÜHRT DURCH EIN EINFACHES VIERTEL MIT VIELEN VERWINKELTEN GASSEN.

Alle Jubeljahre wieder findet auf dem Chao Praya ein Schauspiel statt wie nirgendwo sonst auf der Welt. Mehr als 50 feierlich geschmückte Gondeln fahren in einer großen Prozession am Großen Palast vorbei bis zum Wat Arun, dem Tempel der Morgenröte. Für alle anderen Boote ist der Fluss dann tagelang gesperrt. Es ist ein erhabenes Bild. Von den Ufern sehen Hunderttausende zu, wie 2200 Männer an vergoldeten Rudern Schwerstarbeit leisten. Den Rhythmus geben Trommeln vor, wie seit sieben Jahrhunderten.

Alles für den König. Er hat sein eigenes Boot, die prächtigste Gondel von allen. Sie heißt Suphannahong. Der Monarch sitzt

in einem roten Häuschen auf einem juwelenbesetzten Thron mit goldenen Kissen.

Oft sieht man das Spektakel nicht. In den sieben Jahrzehnten von König Bhumibols Regentschaft (1946–2016) gab es nur 16 Prozessionen. Immer zu besonderen Anlässen wie einem runden Geburtstag, einem Thronjubiläum oder dem 200-jährigen Bestehen der Chakri-Dynastie.

Der aktuelle König Maha Vajiralongkorn ließ sich ein paar Monate nach seiner Krönung zum ersten Mal über den Fluss rudern. »Seine« Suphannahong ist der Nachbau einer Gondel von 1782, die im Jahr 1911 zur Jungfernfahrt ins Wasser gelassen wurde. Die Barke besteht aus einem einzigen Stück Teakholz von 45 Metern Länge, ist aber nicht mal zweieinhalb Meter breit. Am Bug prangt der Kopf des mythischen Schwans Hongsa. Außer dem König sind 72 Mann Besatzung an Bord.

Wenn gerade keine Krönung, kein Geburtstag und kein Jubiläum ist, ruhen die Gondeln in einem eigenen Museum am Khlong Bangkok Noi, einem Seitenarm des Chao Phraya.

Hier werden sie hingebungsvoll bis ins Detail gepflegt. So wie früher, als die Boote noch täglich benutzt wurden. Kein Kratzer bleibt unbemerkt – auch wenn es noch so viele Jahre hin sein mag bis zur nächsten Prozession.

Chinatown

20

Mutter aller Kaufhäuser

70 THANON TRIPHET KHWANG WANG, CHINATOWN, TEL. +66 2221 9773. MO-SA 9-18 UHR.

TIPP

BANGKOK HAT EINE VIELZAHL VON GROSSEN SHOPPING-MALLS. DIE MEISTEN BEFINDEN SICH AN DER SUKHUMVIT UND SIND MIT DEM SKYTRAIN LEICHT ZU ERREICHEN. BESONDERS EMPFEHLENSWERT: DAS »CENTRAL EMBASSY«, DAS FLAGGSCHIFF DER THAILÄNDISCHEN CENTRAL-GRUPPE, ZU DER AUCH DAS KADEWE IN BERLIN, DAS ALSTERHAUS IN HAMBURG ODER OBERPOLLINGER IN MÜNCHEN GEHÖREN.

Aroon Niyomvanich ist mit ihrem Kaufhaus alt geworden. 98 jetzt schon. Und sie sitzt im »Nightingale-Olympic« immer noch jeden Tag an ihrem Schreibtisch im Erdgeschoss, gleich hinter der Kasse. Außer sonntags.
»Ich bin in den Laden hineingeboren worden«, behauptet die alte Dame. Aber das stimmt nicht ganz. Aroon war schon auf der Welt, als das »Nightingale-Olympic« 1930 eröffnet wurde. Ein Familienbetrieb, geführt mit fünf weiteren Geschwistern.
Anfangs verkauften sie vor allem Kosmetik und Kleidung. Dann wurde das Sortiment um Musikinstrumente und Sportartikel erweitert. Daher der Name: Nightingale war eine Instrumen-

tenmarke, Olympic kommt von Olympia.
Heute ist es das älteste Kaufhaus der Stadt. Das sieht man in jedem Regal. Nur die wenigsten kommen noch, um hier etwas zu kaufen. Vielmehr ist dies der ideale Ort, um eine Zeitreise anzutreten. Sagen wir: ins Jahr 1979. Seither hat sich nicht mehr viel getan.
Die Tennisschläger in den Regalen sind noch aus Holz. Dahinter hängen Werbeplakate mit dem jungen John McEnroe und dessen bereits verstorbenem Kontrahenten Vitas Gerulaitis. Die E-Gitarren stammen ebenfalls aus den 70ern, genauso wie die Massageapparate mit den Bauch-Weg-Bändern. Auf der großen Weltkarte finden sich die Flaggen von Sowjetunion und DDR.
In den Glasvitrinen stehen Parfüms von Christian Dior, die es im Westen längst nicht mehr gibt. Die Mode hat sich auch schon mehrfach überholt: Die Polyester-Herrenhosen an den Kleiderständern haben Schlag, die Damenblusen nicht weniger enorme Kragen. Die Puppen im Schaufenster tragen ihre Perücken ebenfalls seit mehr als einer Generation.
Mit den großen Shopping-Malls der Stadt, wo sich Thailänder und Touristen dem Kommerz hingeben, hat das »Nightingale-Olympic« nichts gemein. Es ist eine Mischung aus Kuriositätenkabinett und Konsummuseum.

Als sei man in einen Wes-Anderson-Film geraten.
Dazu passen die Verkäuferinnen – ein halbes Dutzend ältere Damen in erstaunlich pinken Poloblusen, eine von ihnen sogar mit der entsprechenden Tönung in den Haaren. Die meisten sind seit Jahrzehnten dabei.
Von den neun Stockwerken des ehemals höchsten Gebäudes der Stadt werden nur noch die beiden unteren als Verkaufsfläche genutzt. Darüber befinden sich immer noch ein Schönheitssalon, der aber schon seit mehr als drei Jahrzehnten geschlossen hat, sowie Büros und Lager.
Ganz oben wohnt die Chefin. Wo auch sonst. Ohne sie gäbe es das Kaufhaus wohl nicht mehr. Ihre Geschwister hat Aroon Niyomvanich alle überlebt.
Wie es weitergeht? Das Geschäft schließen? Niemals. Als Nachfolger kämen die Kinder eines Bruders in Frage, aber die sind auch schon in ihren Sechzigern und Siebzigern. Und wie wäre es mit verkaufen? Die Antwort der Chefin: »Niemand hat sich je getraut, mich das zu fragen.«

21

Thaimusik für Hipster

69/71 SOI NANA, MAITRI CHIT RD, POM PRAP, TEL. +66 9846 72944.
SO-DO 17-24 UHR, FR UND SA 17-1 UHR.
WWW.INSTAGRAM.COM/TEP_BAR. MRT-STATION: HUA LAMPHONG

TIPP

DAS »TEP« LIEGT IN UNMITTELBARER NÄHE DER SOI NANA, WO SICH AUCH EINIGE ANDERE GUTE BARS BEFINDEN. DAS »TEENS OF THAILAND« MIT DEM ANGEBLICH BESTEN GIN TONIC DER STADT, DAS »BA HAO« MIT EINER ATMOSPHÄRE WIE IM HONGKONG DER 1930ER JAHRE UND DAS »WALLFLOWERS«, EINE SEHR EIGENTÜMLICHE MISCHUNG AUS BLUMENGESCHÄFT UND ROOFTOP-BAR. ABER ACHTUNG: NICHT VERWECHSELN MIT DER ANDEREN SOI NANA, EINER HERUNTERGEKOMMENEN AMÜSIERMEILE.

Wer ins »Tep« will, verlässt sich am besten aufs Gehör. Einfach zu finden ist sie nicht. Die Bar – benannt nach dem zweiten von 24 Wörtern im thailändischen Namen der Hauptstadt (Thep, nur ohne das »h«) – liegt sehr versteckt am Ende von zwei Gassen im hintersten Winkel von Chinatown.

Am besten also, man hört auf die Töne. Im »Tep« wird jeden Abend traditionelle siamesische Musik gemacht. Mit großer Hingabe bearbeiten drei junge Thais das Ranad Ek, ein Holz-Xylophon, die Saw Duang, eine Art Fidel, und die Klong Khaek, eine Trommel. Dazu singt eine Frau Mitte 20 die Lieder der Groß- und Urgroßeltern. Die Texte liest

sie vom Smartphone ab. So viel Moderne ist erlaubt.
Der Laden ist jeden Abend voll. Das »Tep« ist einer der wenigen Orte der Stadt, wo Hipster-Bangkok und traditionelles Thailand zusammenkommen.
Möglich gemacht hat das Asawin Rojmethatawee. Er hat die Bar mit vier Partnern gegründet, in einem alten chinesischen Shophouse, das ziemlich heruntergekommen war, weit entfernt von Bangkoks großen Ausgehvierteln wie Sukhumvit oder Thonglor. »Für uns war wichtig, dass die Bar in einer Gegend mit Geschichte ist«, sagt Asawin. »Das Umfeld ist genauso bedeutend wie die Inneneinrichtung. Der Weg zu uns ist eine Erfahrung an sich.«
Vorbild waren die Sake-Bars in Japan. Asawin meint: »Ich habe nie verstanden, warum man japanischen Reiswein in so vielen Ländern kennt und unseren Reiswein nicht.«
Deshalb gibt es im »Tep« nun Reiswein aus Thailands Nordosten sowie Thai-Liköre, Thai-Whiskey und Thai-Rum. Keinen Spritz oder Margarita, sondern Ya Sanae (Liebestrank), Ratchasee Kamran (Brüllender Löwe) oder Phaya Suea Khrong (König der Tiger). Wer essen will, bekommt Fisch mit Tamarinden-Sauce oder frittierte Baby-Bambusraupen.
Das Erfolgskonzept hat allerdings auch einen Nachteil. Für westliche Ohren ist nach einer Stunde Thai-Musik eigentlich die Grenze erreicht. Mit einem weiteren Cocktail lässt sich das strecken. Könnte durchaus Teil des Konzepts sein.

22

Bahnhof der Nostalgie

RONG MUEANG RD, PATHUM WAN.
MRT-STATION: HUA LAMPHONG.

Bangkoks alter Hauptbahnhof ist ein wunderbarer Ort, um nostalgisch zu werden.
In Hua Lamphong haben sich Generationen von Rucksacktouristen auf den Weg gemacht, um Südostasien zu entdecken. Für manche wurde es die Reise ihres Lebens. Andere kamen nach einem langen Trip mit vielen neuen Bekanntschaften zurück, um sich dann in Hua Lamphong gezwungenermaßen zu trennen. Große Abschiede, oft genug für immer.
In der Ära der Billigflieger sind solche Szenen passé. Auf Bangkoks beiden großen Flughäfen Don Mueang und Suvarnabhumi sieht man sie nur noch selten. Die Zeiten haben sich geändert,

TIPP

BEI DEN FRISEUREN VON GLEIS 12 KANN MAN SICH – MIT ETWAS MUT – AUCH ALS TOURIST DIE HAARE SCHNEIDEN LASSEN. TRINKGELD IST DANN ALLERDINGS PFLICHT.

Für ihren alten Bahnhof entwickeln inzwischen aber sogar die Bangkoker sentimentale Gefühle. Die Tage von Hua Lamphong sind gezählt. Bald wird die Zentralstation nicht mehr am Rand Chinatowns sein, sondern zehn Kilometer weiter im Norden, in Bang Sue. Ein Neubau mit 26 Gleisen, doppelt so viele wie jetzt. Ob er so lange stehen wird wie Hua Lamphong?

Der Kopfbahnhof im Stil der Neorenaissance hat ein Jahrhundert lang gute Dienste geleistet. Eröffnet wurde er 1916. Architekt war Mario Tamagno aus Turin. Mit seinem Landsmann Annibale Rigotti zog Tamagno viele Projekte in die Höhe, die das Bild der Stadt bis heute prägen.

Hua Lamphong ist für Bangkok viel mehr als nur der Bahnhof. Man könnte dort Tage verbringen: Tempel, Geschäfte, Essensstände, Massagestudios – alles da. Es ist eine Welt der Gegensätze: mit Platz für die Mönche genauso wie für die verschiedenen Geschlechter, die ihr Geld mit Sex verdienen. Manche hier haben alle Zeit der Welt.

Anderen kann es nicht schnell genug gehen. Auf Gleis 3 fährt der Eastern&Oriental ab, Bangkok-Singapur, einer der großen Luxuszüge. Zu Gleis 12 kommen morgens die Ärmsten der Armen, um sich von einem Dutzend Friseure, die das ehrenhalber machen, kostenlos die Haare schneiden zu lassen.

Links vom Eingang finden sich zwei Räume, in denen man eine Idee davon bekommt, was aus Hua Lamphong einmal wird: das »Thailand Railway Museum«, eine kleine Sammlung aus der guten alten Zeit der Bahn.

Wenn der Umzug nach Bang Sue gemeistert ist, soll aus dem ganzen Bahnhofsgebäude ein Museum werden. Das passt. Auf den Grundstücken, über die jetzt noch die Züge rollen, werden dann Hochhäuser gebaut.

23

Schwarzer Arzt

LIM-NAO-NGOW-SCHREIN, THANON SONG SAWAT 299-301, TALAD NOI, TEL. +66 81640 4750. TÄGL. 19-23 UHR. HOLY ROSARY CHURCH, 987 SOI WANIT 2, TALAD NOI. SIAM COMMERCIAL BANK, 1280 SOI WANIT 2, TALAD NOI, TEL. +66 2237 5001. BAAN RIM NAAM, 378 SOI WANIT 2, TALAD NOI, TEL. +66 85904 6996. WWW.BAANRIMNAAM.COM

TIPP

IN TALAD NOI GIBT ES IN MEHREREN GARKÜCHEN AUSGEZEICHNETE PEKING-ENTEN. DIE PREISE SIND ETWAS HÖHER ALS FÜR DIE ÜBLICHEN THAI-GERICHTE, ABER DAS IST ES WERT.

Chow Sue Kong war ein Arzt der alten Schule. Bevor er seinen Patienten Kräuter gab, probierte er sie selber aus. Es geschah, so die Legende, was geschehen musste. Ein Kraut war giftig. Chows Körper wurde schwarz, er starb.
An den Arzt erinnert heute in Bangkoks ältestem Chinesenviertel Talad Noi ein Schrein mit einer Statue aus dunklem Holz, die mehr als 200 Jahre alt ist. Hokkien-Chinesen brachten sie aus der Heimat mit.
Lebte Chow Sue Kong heute in Talad Noi, wäre seine Hautfarbe gesünder. Dafür hätte er sehr wahrscheinlich Dreck unter den Fingernägeln und ölverschmierte Hände. So wie viele andere Männer hier.

In den kleinen Werkstätten unten am Fluss wurden früher von chinesischen Einwanderern Küchengeschirr und Hufeisen geschmiedet. Heute schlachten sie hier mit dem gleichen Fleiß alte Autos aus. Es wird gefeilt, gebohrt, gehämmert, geschraubt von früh bis spät.
Die Sache ist etwas paradox: Eigentlich sind die alten Gassen viel zu eng für den Autoverkehr. Zumal sich an den niedrigen Häusern auch noch meterhoch Schrotthaufen und Berge an Ersatzteilen türmen. Die Kundschaft muss das Auto also ein paar Straßen weiter abstellen und die letzten Meter zu Fuß zurücklegen.
Talad Noi (»Kleiner Markt«) ist eine eigene Welt. Mit dem anderen Bangkok hat es nicht viel zu tun.
Man sieht das auch daran, dass die Leute viel früher zu Bett gehen als im großen Rest der Stadt. Abends um halb zehn, manche früher noch, machen sie sich schlafbereit. Weil Talad Noi eine der wenigen Gegenden ist, in denen man einen Spaziergang machen kann, kann man ihnen dabei zusehen. Die meisten Türen stehen weit offen. Wer hier wohnt, hat nichts groß zu verbergen.
Die Frauen tragen zu dieser Stunde gern schon T-Shirts mit Comicfiguren, bevorzugt Micky Maus. Von den Männern sind viele mit kurzer Hose und

nacktem Oberkörper unterwegs. Meist dreht sich an der Zimmerdecke ein Ventilator, im Hintergrund läuft der Fernseher, von draußen leuchtet eine chinesische Laterne. Ein letztes Schwätzchen, dann ist der Tag vorbei.

Dafür werden hier aber auch schon wieder mitten in der Nacht Hühner und Enten gekocht. Talad Noi hat ausgezeichnete Straßenküchen, was sich bislang nicht allzu sehr herumgesprochen hat.

Nur bei Lim Nao Ngow, wo sie seit einem halben Jahrhundert Nudelsuppe mit Fischbällchen und Wontons machen, für nicht einmal zwei Euro, ist kaum ein Platz zu bekommen. Der Laden steht neuerdings im Guide Michelin.

Ansonsten liegt Talad Noi sehr angenehm im Schatten von Chinatowns Hauptstraße, der Yaowarat. Man übersieht es leicht.

Dabei stehen hier nebeneinander Bangkoks älteste Kirche, die Holy Rosary Church, und Thailands älteste Bank, das prächtige Stammhaus der Siam Commercial Bank. Die Schalterangestellten bedienen hinter Gittern, wie schon seit 1908.

Gleich um die Ecke liegt eines der schönsten chinesischen Privathäuser der Stadt, die So Heng Tai Mansion, mehr als 230 Jahre alt. Die Familie des heutigen Besitzers Duangtawan Posayachina lebt hier in siebter Generation.

Noch ein paar Meter weiter, direkt am Chao Phraya, hat vor einer Weile in einem alten Warenlager das »Haus am Fluss« eröffnet, das Baan Rim Naam, eine Mischung aus Bar und Restaurant, betrieben von dem Österreicher Florian Gypser und seiner thailändischen Frau Goy Siwaporn. Man sitzt dort abends ganz wunderbar.

Wenn man nach Hause geht, schlafen die Leute von Talad Noi meistens schon. Der Schrein des Schwarzen Arztes ist längst geschlossen.

24

Wohltäter von Chinatown

606 THANON YAOWARAT, SAMPHAN THAWONG, TEL. +66 2234 3278.
WWW.THIENFAH.COM.
MRT-STATION: HUA LAMPHONG

TIPP

AUF DER YAOWARAT KANN MAN AUSGEZEICHNET ESSEN, SOWOHL AN EINIGEN STRASSENSTÄNDEN ALS AUCH IN RESTAURANTS. SEHR ZU EMPFEHLEN ZUM BEISPIEL DIE KRABBENFLEISCH-SPEZIALITÄTEN DES KHAO PAD PU CHANG PHUEAK (HAUSNUMMER 140) UND FÜR EINE SÜSSE NACHSPEISE DAS PA TONG GO SAVOEY (HAUSNUMMER 489).

Am Ende der Yaowarat, der wichtigsten Straße von Chinatown, wenn das Gedränge, der Lärm und am Abend auch das Licht wieder weniger werden, liegt das Krankenhaus der Stiftung Thien Fah.

1902 war dies die erste privat finanzierte Klinik, nur für die Armen der Stadt. Bis heute werden Patienten hier kostenlos behandelt – ganz im Unterschied zu sonstigen Bangkoker Krankenhäusern, die ihr Geld mit Medizintouristen aus aller Welt verdienen und Ausländern dabei ein Vielfaches von dem abverlangen, was Thais zahlen müssen.

Gegründet wurde die Thien-Fah-Klinik von sechs chinesischen Geschäftsleuten, die in Bangkok

พระอาโลกิเตศารโพธิสัตว์
觀世音菩薩
白蓮臺上現如來
紫竹林中觀自在

zu Geld gekommen waren. Die Idee: Landsleute, die im Leben nicht so viel Erfolg hatten, sollten sich behandeln lassen können. Das gilt bis jetzt.

Zwar wurde inzwischen eine Abteilung für moderne Medizin eröffnet, doch der Großteil der Ärzte arbeitet strikt nach traditioneller chinesischer Praxis. Die Mehrheit der Patienten ist weiterhin chinesischstämmig. Aber Ausländer werden ebenfalls behandelt. In der mit tausenden Kräutern vollgestopften Apotheke kann man sich auch einfach nur ein traditionelles Heilmittel geben lassen.

Alles in allem wanderten im Lauf der Jahrzehnte mehr als 3,5 Millionen Menschen aus China nach Bangkok aus, viele davon auf der Flucht vor Hunger und Gewalt. Das prägt die Stadt. Geschätzt wird, dass bis zu 40 Prozent der Thais chinesische Wurzeln haben.

Die Porträts der sechs Männer hängen nun über einem Schrein direkt vor dem Krankenhaus. Auf dem Altar thront eine Figur der Göttin Kuan Im (oder Guan Yin), der »Göttin der Barmherzigkeit«, aus Teakholz, überzogen mit Gold. Die Statue soll aus China kommen und zwischen 800 und 900 Jahre alt sein. Bis vor einer Weile war der Schrein hinter alten chinesischen Häusern versteckt. Man erreichte ihn nur durch eine schmale Gasse, die kein Tourist kannte. Mittlerweile wurden die Häuser abgerissen, so dass der Blick frei ist.

Außer, es liegt wegen der vielen Kerzen wieder einmal dichter Rauch über der Anlage. Der Schrein gehört zu den wichtigsten Pilgerorten der Thai-Chinesen. Er ist sehr populär, weil die »Göttin der Barmherzigkeit« gnädiger zu sein scheint als andere. Wer gesund werden will oder schwanger, gute Noten haben will, Erfolg im Beruf oder Glück in der Liebe, kommt hierher.

Die Thien-Fah-Stiftung lebt übrigens immer noch von Spenden. Das erklärt, warum vor dem Altar zwei riesige rote Boxen stehen, in die man Geld stecken kann. Und auch die vielen Dutzend Säcke mit Reis, die stets im Schrein gestapelt werden.

25

Blumen am Fluss

THANON CHAKKRAPHET, WANG BURAPHA PHIROM, PHRA NAKHON. TÄGL. 0-24 UHR. AM BESTEN ZU ERREICHEN ÜBER DIE BOOTSANLEGESTELLE YODPIMAN.

TIPP

DER MARKT EIGNET SICH AUCH BESTENS, WENN MAN ZU HAUSE THAI-REZEPTE NACHKOCHEN WILL. VIELES GIBT ES GETROCKNET, U. A. SPEZIALMISCHUNGEN FÜR PAD THAI ODER TOM YAM.

Irgendwo müssen die Blumen ja herkommen. Die Kränze, Girlanden und Ketten, die in Bangkok überall zu sehen sind. In jedem Tempel, in jedem Geisterhäuschen, an jedem Rückspiegel. Rosen, Thai-Orchideen, Lotus, Amarant, Ringelblumen und viele, viele Arten mehr.

Meist kommen sie vom größten Blumenmarkt der Stadt, zugleich einem der größten der Welt: dem Pak Khlong Talad (»Markt an der Mündung des Kanals«), direkt am Chao Phraya, gleich an der Bootsanlegestelle der Memorial Bridge.

Früher wurden hier Fische direkt von den Booten verkauft. Angeblich wurde den Leuten der Gestank zu viel. Seit den

1950er Jahren dreht sich das Geschäft größtenteils um Blumen. Inzwischen ist die Gegend größtenteils asphaltiert.

Die Reiseführer empfehlen, frühmorgens da zu sein, weil das Licht dann am besten sei und auch am meisten Betrieb. Muss man aber nicht. Auf dem Markt ist den ganzen Tag über genügend los. Nur den Sonntagnachmittag sollte man meiden. Das sind die wenigen Stunden, in denen selbst hier fast alle Pause machen.

Ansonsten besteht in dem engen Gewirr aus Straßen und Hallen die Hauptbeschäftigung der Leute darin, Phuang Malai zu basteln, die typischen Girlanden. Dazu werden Blumen mit der Nadel aufgefädelt, Blüte für Blüte. Sieht einfach aus, braucht aber Geschick und Geduld.

Die fertigen Gebinde werden vor Tempeln oder von fliegenden Händlern an Straßenkreuzungen verkauft. Platziert werden Malai an Orten, die den Thais besonders wichtig sind – oder dort, wo sie besonders viel Glück brauchen. Also zum Beispiel an Rückspiegeln im Auto oder im Tuk-Tuk.

Auf dem Markt gibt es die Blüten auch als Rohware: säckeweise verpackt, zu vielen hundert Stück. Es ist ein Geschäft auf Zeit. Die frisch gepflückte Ware kommt mitten in der Nacht aus der Provinz. Was abends nicht verkauft ist, gehört den Müllmännern. Lange halten sich Blumen in Bangkoks Hitze nicht.

Auf dem Pak Khlong Talad gibt es neben Blumen alles erdenkliche Obst und Gemüse zu kaufen. Und Gewürze. Besonders beeindruckend sind die Berge an Ingwerwurzeln und Chilischoten. Wer gern thailändisch kocht, wird hier bestens bedient.

Der Markt ist auch einer der Orte, wo die Thais ihre Verehrung fürs Königshaus auf die Spitze treiben. Fotos und Kalender überall, insbesondere in Erinnerung an den alten König Bhumibol. Am Denkmal für den Bruder des allerersten Königs der Chakri-Dynastie, die bis heute regiert, hängen immer Malai.

Sathorn & Silom

26

Bauklötzchenhaus

114 NARADHIWAT RAJANAGARINDRA RD, SILOM, BANG RAK, TEL. +66 2677 8721. TÄGL. 10–24 UHR, LETZTER EINLASS: 23 UHR. SKYTRAIN-STATION: CHONG NONSI. WWW.KINGPOWERMAHANAKHON.CO.TH/

TIPP

ALS GELUNGENE ARCHITEKTUR GELTEN AUCH DAS »ROBOT BUILDING« DER UNITED OVERSEAS BANK IN SATHORN (191 SOUTH SATHORN ROAD) ODER DAS TATSÄCHLICH EINEM ELEFANTEN ÄHNELNDE ELEPHANT BUILDING IN CHATUCHAK (3300 PHAHONYOTHIN). DIE LETZTEN ECHTEN ELEFANTEN SIND ÜBRIGENS VOR EIN PAAR JAHREN AUS BANGKOKS STRASSEN VERSCHWUNDEN.

Die Bauherren nennen den Maha Nakhon Tower den Pixelturm. Weil sich an dem Gebäude – mit 313 Metern das zweithöchste der Stadt – Balkone und Terrassen so merkwürdig versetzt um die Achse winden. Wie verpixelt.

Klingt modern. Muss wohl auch, wenn die billigste von 200 Wohnungen um die 1,5 Millionen Euro kostet.

Aus den Augen eines Kindes sieht er eher wie ein Turm aus Bauklötzchen aus. Wie bei Jenga, dem Spiel, bei dem jeder, immer schön abwechselnd, aus einer Etage ein Teil herausziehen muss. So dass das bald eine sehr wacklige Angelegenheit wird, die irgendwann zusammenstürzt.

Solche Sorgen muss man sich

beim Maha Nakhon Tower trotz der 77 Stockwerke nicht machen. Das Hochhaus – entworfen vom deutschen Star-Architekten Ole Scheeren, der auch für Großprojekte wie den CCTV Tower in Peking verantwortlich zeichnet, den Sitz des chinesischen Staatsfernsehens – steht seit 2016 fest in der Landschaft.

Interessanterweise ist der Name Scheeren in Thailand kaum bekannt. Nach hiesigen Gesetzen dürfen ausländische Architekten in Bangkok eigentlich gar nicht bauen. Wenn überhaupt, werden sie nur als Teil des Teams oder als »Design Consultants« erwähnt. Scheeren ist da keine Ausnahme. Gleiches gilt für den Australier Kerry Hill, der das Luxushotel »Sukothai« entwarf, oder die Britin Amanda Levete, die den viel gelobten Bau der Shopping-Mall Central Embassy verantwortet.

Seit 2018 heißt Scheerens Wolkenkratzer übrigens ein wenig anders: King Power Maha Nakhon. Das liegt daran, dass der Turm nun zum Firmenimperium der Familie Srivaddhanaprabha gehört, die mit Duty-free-Geschäften auf Flughäfen zu sehr viel Geld gekommen ist.

Auf dem Dach wurde nun die höchstgelegene Bar der Stadt eröffnet und der sogenannte Skywalk: eine 4,5 x 17,5 Meter große Fläche mit Glasboden. Wer sich traut, darauf herumzuspazieren, hat zwischen den Füßen das Nichts. Es geht 300 Meter in die Tiefe.

Kaum weniger eigenartig als Skywalk und Silhouette ist der Weg zurück auf die Straße. Im vierten Stock endet der Aufzug. Weiter nach unten kommt man nur durch eine Geschäftswelt mit Parfüms, Luxusuhren und Alkohol – wie im Duty-free-Bereich. Es ist kein schöner Abschied, aber darauf haben die neuen Eigentümer Wert gelegt.

27

Alte Liebe

48 ORIENTAL AVENUE, BANG RAK, TEL. +66 2659 9000. ANFAHRT AM BESTEN MIT DEM HAUSEIGENEN BOOT AB SAPHAN TAKSIN PIER. WWW.MANDARINORIENTAL.COM

TIPP

IN BANGKOK HAT AUCH ASIENS ÄLTESTER CLUB VON AUSLANDSKORRESPONDENTEN SEINEN SITZ, DER FOREIGN CORRESPONDENTS CLUB OF THAILAND (FCCT). SEINE VERANSTALTUNGEN UND DAS CLUBEIGENE RESTAURANT SIND ÖFFENTLICH. 518/5 PLOENCHIT ROAD, PATUMWAN, TEL: +66 2652 0580. SKYTRAIN-STATION: CHIT LOM. WWW.FCCTHAI.COM

Natürlich muss an irgendeiner Stelle in einem solchen Buch Peter Scholl-Latour vorkommen. Und was wäre dafür ein besserer Ort als das »Oriental«, Bangkoks berühmtestes Hotel.

Im »Oriental« – so sagen hier alle, der offizielle Markenname »Mandarin Oriental« wird vermieden – verbrachte die Reporterlegende viele Monate. Wenn Scholl-Latour in den Indochina-Kriegen nicht mehr an die Front kam, kommentierte er gern von hier.

Noch mit 90 Jahren, ein paar Monate vor seinem Tod 2014, schwärmte er von der Bar. Für den Deutsch-Franzosen hatte das »Oriental« die beste Hotelbar der Welt. »Als ich Reporter war,

hatten wir dort unser Hauptquartier. Wenn wir aus Vietnam oder Kambodscha zurückkamen, war das die große Entspannung.«

Heute hängt sein Foto im Altbau, den sie den »Autorenflügel« nennen, neben Bildern von Norman Mailer und Graham Greene. Der »Author's Wing« ist – zusammen mit der »Bamboo Bar«, dem französischen Restaurant »Normandie« und der großen Terrasse am Fluss – einer der Orte, wo sich das »Oriental« den kolonialen Charme bewahrt hat.

Im Neubau aus den 1970er Jahren ist das nicht immer gelungen. Hier haben die Zimmer einen großartigen Blick auf den Chao Phraya. An die Türen stellen die Zimmermädchen wie seit je Stöckchen, die kippen, wenn der Gast hineingeht. So weiß das Personal, ob es eintreten darf. Die Architektur allerdings unterscheidet sich kaum von ost- oder westdeutschen Gewerkschaftsheimen jener Zeit.

Die Geschichte des »Oriental« reicht weit zurück. 1871 eröffneten hier zwei dänische Kapitäne eine Herberge für Seeleute. Nach einem Brand wurde daraus ein richtiges Hotel, mit dicken Teppichen, Tapeten aus Paris und elektrischen Kronleuchtern. Zu den frühen Gästen gehörte ein polnischer Seemann namens Józef Konrad Korzeniowski, der 1888 zwei Wochen lang hier logierte. Aus ihm wurde der

Schriftsteller Joseph Conrad. Die Bangkok-Erlebnisse verarbeitete er in *Lord Jim*, seinem bekanntesten Roman. So wurde das Hotel zur beliebten Adresse für Schriftsteller und sonstige Prominenz. Heute steigen fast alle Staatsgäste, die nach Bangkok kommen, hier ab.

Seinen Ruf als eines der besten Hotels der Welt hat das »Oriental« auch einem Deutschen zu verdanken: Kurt Wachtveitl, der bis 2009 mehr als vier Jahrzehnte sein Direktor war. Auszeichnungen hat es zuhauf. Entsprechend sind die Zimmerpreise.

Man kommt ins »Oriental« aber auch, ohne Übernachtungsgast zu sein. Die Cocktails in der »Bamboo Bar« sind gar nicht so teuer. Abends wird dort ausgezeichneter Jazz gespielt. Wer lieber Scholl-Latour lesen will, wird in der Bibliothek fündig. Dort wartet *Der Tod im Reisfeld*.

28

Bibliothek der Liebe

195 SURAWONG ROAD, SURIYAWONGSE, BANGRAK, TEL. +66 2233 1731. DI-SO 9.30-17 UHR. WWW.NEILSONHAYSLIBRARY.ORG;

Im Jahr 1869 bekam Bangkok seinen ersten Lesezirkel: die »Bangkok Ladies' Library Association«. Gründerinnen waren 13 Damen, die es mit den Ehemännern aus Großbritannien und den USA nach Siam verschlagen hatte. Englische Bücher waren damals Luxusgut. Bis ein Schiff mit neuer Ware aus London oder San Francisco ankam, war es sechs Monate auf See.

Der Lesekreis baute nach und nach eine richtige Bibliothek auf. Eine der aktivsten Frauen war Jennie Neilson, die als protestantische Missionarin 1881 aus Dänemark nach Thailand kam. Dort lernte sie ihren Mann kennen, den amerikanischen Arzt Thomas Hays.

TIPP

BANGKOK HAT AUCH EINE GROSSE STADTBIBLIOTHEK MIT ENGLISCHSPRACHIGER ABTEILUNG, GANZ IN DER NÄHE DER KHAO SAN ROAD. BANGKOK CITY LIBRARY, 39 RATCHADAMNOEN AVENUE, TALAT YOT, PHRA NAKHON, TEL. +66 2282 0680. TÄGL. 9-21 UHR.

Als die Präsidentin der Ladies' Association 1920 an Cholera erkrankte, konnte sie auch der Ehemann nicht retten. Nach ihrem Tod ließ Hays ihr zu Ehren ein Bibliotheksgebäude bauen. 1922 wurde die Neilson Hays Library eröffnet. Manche nennen sie heute noch die »Bibliothek der Liebe«.

Es ist eine grüne Oase inmitten von Bangkoks Beton. Der neoklassizistische weiße Bau mit der Rotunde steht unter Denkmalschutz. Er ist umringt von tropischen Pflanzen und Bäumen. Die Bibliothek umfasst etwa 20000 Bücher, darunter Exemplare aus der Anfangszeit. Zum Schutz vor Staub sind diese in hohen Schränken mit Glastüren eingereiht, so wie das früher üblich war. Es ist die größte englischsprachige Bibliothek in ganz Asien.

Der Lesekreis trifft sich immer noch: jeden letzten Donnerstag im Monat. Meist sind es deutlich mehr Frauen als Männer. Daran hat sich in anderthalb Jahrhunderten nur wenig geändert.

29

Markt der Versuchungen

SOI SALA DAENG AN DER ECKE SOI YOMMARAT, SILOM, BANG RAK. SKYTRAIN-STATION: SALA DAENG. MRT-STATION: SILOM.

TIPP

NICHT ZU VERWECHSELN MIT DEM NACHTMARKT PATPONG, DER AUF DER ANDEREN SEITE DER THANON SILOM LIEGT, EINE INZWISCHEN RECHT TROSTLOSE VERANSTALTUNG FÜR TOURISTEN.

Kaum jemand kocht in Bangkok selbst. Warum auch, wenn man die Auswahl zwischen ein paar hunderttausend Straßenküchen hat? Wo das Essen frisch ist, fast immer gut und sehr preiswert dazu.

Wobei: Der Begriff Straßenküche führt in die Irre. Die Bangkoker essen Streetfood praktisch überall. Tatsächlich auf den Bürgersteigen (wenn es welche gibt). Aber auch in irgendwelchen Räumen, die zur Straße hin offen sind, sowie auf Nachtmärkten, unter Brücken, entlang der Kanäle und zunehmend in Shopping-Malls.

Im Thailändischen gibt es für Streetfood nicht mal ein eigenes Wort. Man kann das nur um-

schreiben: Ahan Khang Thanon. Essen am Rand der Straße.

Und wie findet man die besten Straßenküchen? Die Klassiker stehen längst in Büchern. Selbst der *Guide Michelin* hat in seiner Bangkok-Ausgabe inzwischen ein Kapitel zu Streetfood. Zudem gibt es im Internet gut gemachte Seiten wie bangkokglutton.com der Foodbloggerin Chawadee Nualkhair.

In der echten Welt orientiert man sich am besten an den anderen. Dort, wo viele Thais anstehen, ist die Küche in der Regel überdurchschnittlich gut.

Für Einsteiger sind die verschiedenen Essensmärkte ideal: eine Vielzahl von unterschiedlichen Ständen mit ein paar Dutzend oder hundert Tischen in der Mitte. Hier bekommt man einen ersten Überblick, hat die Auswahl und kann sich dann auch an die etwas ungewöhnlicheren Dinge wagen. Wenn man will.

Der Mittagsmarkt von Sala Daeng im gleichnamigen Geschäftsviertel ist solch ein Platz. Einfache-Leute-Küche: Hierhin pilgern ab zwölf die Angestellten aus den Büros der Umgebung und die Krankenschwestern der nahe gelegenen Kliniken.

Es ist wie eine große Kantine: 200 rote Alutische, genauso rote Plastikstühle dazu, im Freien, aber überdacht.

Trotzdem kann ein Schirm nicht schaden. Das Mittagessen folgt nämlich einem Ritual.

Zunächst muss man einen freien Tisch finden, was schwer werden kann. Dort platziert man seinen Schirm. So wird reserviert. Ansonsten kann es passieren, dass man minutenlang mit dem Teller durch die Gegend laufen muss.

Dann geht es an die Auswahl des Essens. Das Angebot ist enorm. Die Klassiker der Thai-Küche gibt es hier alle. Auf dem Sala-Daeng-Markt besonders zu empfehlen: Meeresfrüchte-Spaghetti, der Papaya-Salat Tom Sam und Tom Yam Gung, Thai-Suppe mit Garnelen. Bezahlt wird sofort. Mehr als zwei Euro kostet das alles nicht. »Nicht so scharf« heißt »mai pet«. Man kann es nicht oft genug sagen.

Nach der Bestellung besorgt man sich Löffel und Gabel (Messer gibt es nicht), biegt sich die Blechdinger zurecht und hält sie zum Desinfizieren in einen der Töpfe mit heißem Wasser. Jetzt wäre der Moment, um sich noch etwas zu trinken zu besorgen.

Dann holt man sich das bestellte Essen ab. Man muss als Ausländer übrigens die Fischköpfe nicht mitessen, schon gar nicht als Anfänger. Thais tun das ganz gern.

Das Essen ist meist schnell vorbei. 20 Minuten, länger nicht. Wer fertig ist, steht auf und geht. Das Abräumen besorgt ein Putzkommando. Draußen gibt es noch frisches Obst. Am einfachsten ist das Wort für Ananas zu merken: Sapa Lot. Sapperlot.

30

Zwillinge aus Marzahn

10, YEN AKAT SOI 3, CHONGNONSI, YANNAWA, TEL. +66 2287 1799. MO-FR 17.30-21.30 UHR, SA UND SO 11.30-12.30 UHR, 17.30-21.30 UHR. WWW.RESTAURANTSUHRING.COM. RESERVIERUNGEN: RESERVATION@RESTAURANTSUHRING.COM

TIPP

AUSGEZEICHNETE THAILÄNDISCHE STERNE-KÜCHE GIBT ES IM »BO.LAN« VON DUANGPORN SONGVISA (SPITZNAME: BO) UND IHREM AUSTRALISCHEN EHEMANN DYLAN JONES. 24 SUKHUMVIT SOI 53, KHLONG TAN NUEA, WATTHANA, TEL. +66 2260 2962. WWW.BOLAN@CO.TH

Der Eierlikör ist natürlich keine Erfindung der thailändischen Küche. Trotzdem hat er in Bangkok neuerdings eine Menge Liebhaber. Möglicherweise haben daran die Sührings Schuld.

Die Zwillinge aus dem Berliner Marzahn, Thomas und Mathias, Jahrgang 1977, haben sich mit moderner deutscher Küche in Bangkok zwei Michelin-Sterne erkocht. Ihr Haus, das »Sühring«, eine alte Diplomatenvilla mit tropischem Garten aus den 1970er Jahren, steht in den Ranglisten von Asiens besten Restaurants weit oben.

Der Eierlikör gehört bei den Sührings nach jedem Menü zwingend dazu. Und zwar – Herkunft verpflichtet – in der Ost-Vari-

ante: sechs Eigelb, 250 Gramm Staubzucker, ein halbes Päckchen Vanillezucker, zwei Flaschen Kondensmilch und ein Achtelliter »Primasprit«.

Das Rezept haben die Zwillinge von ihrer Oma Christa aus der Lausitz. Die Großmutter war ihnen, noch zu DDR-Zeiten, bei den ersten Koch-Versuchen eine Hilfe. Das Handwerk lernten sie dann bei Sterneköchen. Seit 2008 sind die zwei in Bangkok.

Auf der Karte stehen deutsche Küchenklassiker wie Leberkäse, Spätzle, Frankfurter Grüne Soße oder Zander mit Speck. Alles modern verfeinert. Höhepunkt für viele ist die »Brotzeit«, ein Zwischengang: Bauernbrot mit Butter, Speck, Schinken und Aal. Thais geraten dabei in Verzückung. Für Deutsche ist das Abendbrot in tropischer Hitze etwas merkwürdig – zumal, wenn sich die einheimische Kellnerin in der Erklärung versucht, was ein bayerischer Obazda ist und wie man ihn auszusprechen hat.

Mathias Sühring sagt: »Deutsche Küche, das hieß hier bislang immer: Schweinsbraten und Sauerkraut. Wir wollten zeigen, dass es noch etwas anderes gibt.«

Gelungen. An den meisten Abenden ist das »German Restaurant« ausgebucht. Für Bangkok, wo man auch für eine Handvoll Baht hervorragend essen kann, sind die Preise oberste Kategorie.

Doch es gibt genügend Thais und

andere wohlhabende Asiaten, die sich das »Sühring« leisten. Regelmäßig kommen auch Gourmets aus der Heimat, die vom entferntesten Außenposten neuer deutscher Küche gehört haben.
Wenn sich die Abende dem Ende zuneigen, gehen die Zwillinge manchmal mit dem alten Rezeptbuch der Großmutter von Tisch zu Tisch. In seltenen Fällen trinken sie einen Eierlikör mit. Und berichten von Oma Christa, die sehr stolz auf die beiden Enkel ist. Nach Bangkok hat es die alte Dame allerdings noch nie geschafft. Sie hat Flugangst.

31

Turm der Geister

66/14-15 SOI SIAM SQUARE 3,
RAMA 1 RD, PATHUMWAN.
SKYTRAIN-STATION: SAPHAN TAKSIN.

In jedem Scheitern liegt bekanntlich eine Chance. Insofern hat Rangsan Torsuwan seine Pleite gut genutzt.

Wäre die Sache gut gegangen, könnte er ein Apartmenthaus für wohlhabende Thais und gutverdienende Ausländer sein Eigen nennen. Ein 49-stöckiger Bau namens »Sathorn Unique«, der im Geschäftsviertel Sathorn allerdings keineswegs so einzigartig wäre, wie der Name dies glauben machen sollte. Solche Häuser gibt es dort mehr als genug.

So aber hat sich Rangsan mit einer grotesken Fehlinvestition einen Namen gemacht. Der Immobilienentwickler verantwortet eine der berühmtesten Bau-

TIPP

EINEN AUSGEZEICHNETEN BLICK AUF DAS BETONSKELETT HAT MAN VON DER DACHTERRASSE DES STATE TOWER, DEM ZU ENDE GEBAUTEN GEGENSTÜCK DES »SATHORN UNIQUE«.

สัมผัสประสบการณ์
เน็ตบ้านคุณภาพ
ไฟเบอร์ออพติก
100%
AIS
Fibre

ruinen des gesamten Kontinents. Wegen der Finanzkrise in Asien mussten die Arbeiten kurz vor der Fertigstellung 1997 beendet werden. Sie wurden auch nie wieder aufgenommen.

Nun ragt in unmittelbarer Nähe des Chao Phraya ein Betonskelett 185 Meter in die Höhe. Die Bangkoker haben ihm einen anderen Namen gegeben: »Ghost Tower«. Keine Heimat für Yuppies und reiche Familien, sondern für Vögel, Fledermäuse sowie streunende Hunde und Katzen. Und, davon sind die Leute hier überzeugt: für Geister.

Die Indizien: Das Hochhaus wurde auf einem ehemaligen Friedhofsgelände errichtet. Auf Fotos aus dem Inneren der Bauruine tauchen angeblich immer wieder merkwürdige Schatten auf. Im 43. Stock erhängte sich vor einigen Jahren ein schwedischer Tourist. An eine der Betonmauern hat jemand auf Thai gesprüht: »Betet zu den Geistern.«

Suwaschai Dadaelor ist einer der Sicherheitsleute, die auf das Gebäude aufpassen. Er schwört, dass er jede Nacht Besuch von Geistern bekommt. »Ich bete, damit sie friedlich sind.«

Obwohl der »Sathorn Unique« nie zu Ende gebaut wurde, steht unten am Eingang ein Geisterhäuschen, wie das in Thailand vor fertigen Gebäuden üblich ist: mit Buddha- und Tierfiguren, einem Bild des verstorbenen Königs und ein paar Flaschen roter Fanta. All das soll die Geister gnädig stimmen.

International ist der Turm heute vor allem als Instagram-Kulisse bekannt. Gegen ein Schmiergeld lassen die Wärter Touristen bis ganz nach oben, obwohl das verboten und gefährlich ist. Im Internet finden sich hunderte Aufnahmen, auf denen Leute schwindelerregend nahe am Abgrund stehen. Inzwischen kontrolliert die Polizei strenger.

Offiziell wird der »Geisterturm« nur als Fläche für riesige Werbeplakate genutzt. Immer wieder gibt es Debatten, ob er nicht endlich fertig gebaut oder abgerissen werden sollte. Bislang hat sich jedoch stets die Meinung durchgesetzt, dass er unverändert stehen bleiben sollte – als Warnung vor künftigen Krisen.

32

Hangovertini

1055 SI LOM / 63.STOCK, BANG RAK, TEL. +66 2624 9555. RESERVIERUNGEN: RESERVATIONS@LEBUA.COM, TÄGL. 16-1 UHR. SKYTRAIN-STATION: SAPHAN TAKSIN. WWW.LEBUA.COM / SKY-BAR

TIPP

ANDERE EMPFEHLENSWERTE ROOFTOP-BARS SIND »HI-SO« (HOTEL SOFITEL, NORTH SATHORN ROAD), »SPEAKEASY« (HOTEL MUSE, 55 / 555 LANGSUAN ROAD), »MOON BAR« (HOTEL BANYAN TREE, 21 / 100 SATHORN ROAD), DIE »SKY BAR« IM MAHA NAKHON TOWER UND VOR ALLEM DAS »ABOVE ELEVEN« (SUKHUMVIT SOI 11)). ODER, DIE PREISGÜNSTIGSTE VARIANTE: »RIVER VIBE« IM RIVER VIEW GUEST HOUSE, DIREKT AM CHAO PHRAYA – ALLERDINGS NICHT SO HOCH.

Der Hangovertini kommt natürlich aus Bangkok: drei Schuss Whisky, drei Schuss Grünteelikör, dazu Apfelsaft und Martini Rosso, verfeinert mit einem Teelöffel Honig und garniert mit einem Zweig Rosmarin. Und eisgekühlt.

Das ist der Cocktail, den Barkeeper Alex Holzer von der Sky Bar des Hotels »Lebua« im 63. Stock des State Tower erfunden hat, als Reminiszenz an *Hangover 2*. Einige zentrale Szenen des Blockbusters, Teil zwei einer Kater-Trilogie, wurden hier oben gedreht.

Über Hollywood-Junggesellenabschiedsfilme lässt sich streiten. Aber wahrscheinlich hat *Hangover 2* in den letzten Jahren

mehr Touristen nach Bangkok gebracht als jeder Reiseführer.
Die Sky Bar ist die bekannteste aller Rooftop-Bars und die teuerste. Architektur im griechisch-römischen Stil: goldene Kuppel, Säulen, Showtreppen. Das färbt auf die Gäste ab. Hier oben wird noch mehr geprotzt und geprunkt als unten.
Aber amüsant ist es schon. Allein das livrierte Personal, das Touristen das Smartphone abschwatzt und sie zu den erstaunlichsten Fotoposen überredet bekommt, ist die Sache wert. Und man kann sich hier nur ein Bier bringen lassen – mit Eiswürfeln übrigens, das ist in Bangkok erlaubt.
Die Rooftop-Gastronomie hat sich zum großen Geschäft entwickelt. Jedes Luxushotel, das in einem Hochhaus sitzt, lässt seine Gäste mittlerweile aufs Dach. Was die Sicherheit angeht, sind die Behörden in Bangkok weniger streng als in New York, London oder Berlin.
Am besten ist es dort oben bei einem Sundowner. Aber eigentlich ist das Panorama zu jeder Tageszeit grandios. Zudem ist es stets ein paar Grad kühler als unten in den Straßen. Manchmal weht sogar ein leichter Wind.
Der Hangovertini steht in der Sky Bar übrigens gar nicht mehr auf der Karte. Der Barkeeper hat gewechselt. Jetzt gibt es den Hangovertini 2.

33

Hauptpost und Kultur

1160 CHAROEN KRUNG RD, BANG RAK,
TEL. +66 2105 7400. TÄGL. 9-21 UHR.
WWW.HTTPS://WEB.TCDC.OR.TH/TH

TIPP

FALLS NOCH JEMAND GANZ ALTMODISCH POSTKARTEN NACH HAUSE SCHICKEN WILL: DAS POSTAMT IST EINE DER WENIGEN STELLEN, IN DENEN ES SCHÖNE SONDERBRIEFMARKEN ZU KAUFEN GIBT. STANDARDMOTIV ANSONSTEN: DER KÖNIG.

Der Garuda, ein kraftstrotzendes Zwitterwesen aus Vogel und Mann, ist in Thailand allgegenwärtig. Die Figur steht für König und Staat.

Der Garuda findet sich auf allen Geldscheinen, in jedem Reisepass und im Briefkopf der Behörden. Man sieht ihn auch an vielen Tempeln und an königlichen Gebäuden.

Zwei besonders prächtige Exemplare blicken von Bangkoks alter Hauptpost herab, einem Monumentalbau von 1940. Aus 30 Metern Höhe, links und rechts vom Haupteingang, haben die beiden Vogelmenschen beste Sicht auf die Stadt. Auf der Dachterrasse lässt sich erkennen, welch furchterregende Erscheinung die

Wesen eigentlich sind. Gemindert wird der Eindruck, indem die Garudas meist eine Blumengirlande um den Hals tragen.
Das »Grand Postal Building«, wie es über dem Eingang heißt, ist noch in Betrieb. In der Wandelhalle gibt es ein Dutzend Schalter. Dort langweilen sich die Beamten ziemlich. Wirklich etwas los ist nie.
Der Besuch lohnt sich aber. Vor ein paar Jahren hat in dem Gebäude das Thailand Creative and Design Center (TCDC) Quartier bezogen. Wer sich für die Kreativszene des Landes interessiert, wird bestens informiert.
Auf fünf Stockwerken hat das TCDC Konferenzräume, Co-Working-Spaces und eine ausgezeichnete Bibliothek mit Büchern und Magazinen in englischer Sprache. Zudem werden regelmäßig Produkte aus aktuellem Thai-Design ausgestellt.
Es gab auch eine viel gelobte Schau über Dinge, die für Deutschland und Thailand typisch sind. Auf Thai-Seite gehörte neben Tütensuppen und Tuk-Tuks auch der Garuda dazu. Für Deutschland standen Birkenstock-Sandalen, die *Bild*-Zeitung und ein Gartenzwerg. Der Zwerg stand allerdings nicht so lang. Er wurde geklaut.

34

Sprayer von Bangkok

So weit wie Bangkoks Streetfood ist Bangkoks Street-Art noch nicht. Die Straßenküche aus Thailands Hauptstadt kennt die ganze Welt. Davon ist die Graffiti-Szene weit entfernt. Doch es gibt einige Sprayer, die international von sich reden gemacht haben. Wie Alex Face, der eigentlich Patcharapol Tangruen heißt. Die Presse nennt ihn gern »Bangkoks Banksy«, was ziemlicher Unsinn ist. Man weiß zu viel über ihn. Er gibt – im Gegensatz zum berühmten Kollegen aus England – auch Interviews und posiert für Fotos.

Face, Jahrgang 1981, sprüht an den verschiedensten Stellen der Stadt. Seine bekannteste Figur heißt Mardi: ein stets zer-

ADRESSEN: CHAROEN KRUNG SOI 30, BANG RAK. PORTUGIESISCHE BOTSCHAFT: 26 CHAROEN KRUNG RD SOI 30, BANG RAK. SONG WAT RD, TALAD NOI. RUND UM SKYTRAIN-STATIONEN SIAM UND NATIONAL STADIUM SOWIE DIE MRT-STATION SAM YAM. AUCH ENTLANG DES KANALS SAEM SAEB.

knautscht aussehendes Kind in weißem Hasenkostüm. An der Stirn hat es ein drittes Auge. Vorbild war Face' Tochter.

Zu seinen Bildern, zum Beispiel an einer Häuserwand vor der französischen Botschaft, pilgern die Touristen. Face hat auch in Tokio, Seoul und Amsterdam gearbeitet. Längst hängen seine Werke in Galerien.

»Kunst kann Leute beruhigen«, sagt er. »Auch die, die sie machen. Mich frustriert es jedes Mal, wenn ich es hier in Bangkok mit egoistischen Leuten zu tun habe. Dann sprühe ich und werde entspannt.«

Über seine Heimatstadt meint er: »Für manche sieht Bangkok hässlich aus. Für mich ist das ein Wunderland. Wenn du hier zu überleben lernst, hast du extrem viel Spaß.«

Ein weiteres prominentes Gesicht der Szene ist Muebon, der seinen richtigen Namen für sich behält. Er ist politischer. Als Thailands Putsch-Generäle mit fünf Jahren Verspätung doch so etwas wie Parlamentswahlen zuließen, sprühte Muebon seine bekannteste Figur, einen Vogel namens Pukruk, in Uniform an die Mauer, mit gezinkten Karten in der Hand. Das verstand jeder.

In einem Land, in dem es mit freier Meinungsäußerung nicht weit her ist, werden Graffitis mehr beachtet als anderswo. An einigen Stellen werden sie mitt-

lerweile aber auch vom Staat gefördert.
Bangkoks älteste Hochschule, die Chulalongkorn-Universität, hat ein Projekt namens »Chula Art Town« gestartet. Mehr als 40 großformatige Werke, von denen manche ganze Häuserwände bedecken. Viele finden sich in der Nähe des Skytrain-Bahnhofs Siam und der U-Bahn-Station Sam Yam.

Als Meisterstück von Bangkoks Street-Art gilt ein Stück Mauer der portugiesischen Botschaft. Alexandre Farto alias Vhils hinterließ dort ein monumentales Werk namens *Scratching The Surface*. Nicht gesprüht, sondern gemeißelt, gehämmert und tatsächlich auch gekratzt. Vhils ist kein Thai, sondern Portugiese. Aber das ist in einer Weltstadt egal.

Obere Sukhumvit

35

Straße des geschmolzenen Goldes

THONGLOR, THANON SUHKUMVIT 55.
SKYTRAIN-STATION: THONG LO.

TIPP

IN EINER DER QUERSTRASSEN DER THONGLOR BEFINDET SICH EINES DER BESTEN EINRICHTUNGSHÄUSER DER STADT, DAS »PAYA«. MAN BEKOMMT DORT DIE VERSCHIEDENSTEN DINGE – VON KUNSTHANDWERK ÜBER STOFFE BIS MÖBEL – IN AUSGEZEICHNETER QUALITÄT. 203 SOI THONGLOR 10, TEL. +66 2711 4457. WWW.PAYASHOP.NET

Die Thonglor trägt ihren Namen völlig zu Recht.

Eigentlich, nach Bangkoks klassischer Ordnung, wo es auf die großen Straßen ankommt und alles danach durchnummeriert wird, ist sie ja nur die Sukhumvit 55: die 55. Querstraße der Sukhumvit, stadtauswärts gesehen links. Aber hier kennt sie jeder nur als: die Thonglor – die Straße des geschmolzenen Goldes.

Auf der Thonglor lässt sich die Thai-Variante der »Crazy Rich Asians« bestaunen wie nirgendwo sonst. Vorzugsweise an Freitag- und Samstagabenden, wenn sich die Luxusautos stauen und überhaupt nichts mehr zu gehen scheint. Und in Wahrheit so viel passiert, dass man vor lauter

SUVs, Leuchtreklame und dröhnender Musik nicht einmal einen Bruchteil davon mitbekommt.

Auf etwas mehr als drei Kilometern reihen sich Geschäfte, Bars und Restaurants. Manche, nicht die schlechtesten, wie das »Studio Lam«, sind hinter einer unscheinbaren Tür versteckt. Andere locken mit Protz, wie man ihn sich in Europa kaum vorstellen kann.

Die Kundschaft besteht zum Großteil aus jüngeren Thais aus vermögenden Familien. Aber auch gutverdienende Expats sind darunter, von denen viele hier in der Nähe wohnen. Touristen sieht man eher selten.

Vor ein paar Jahren war die Thonglor die Straße der Autohändler und Brautausstatter. Brautkleider gibt es heute kaum noch zu kaufen. Autos schon. Und sie ist zum Paradies für Immobilienentwickler geworden. Die neuen Hochhäuser mit Luxus-Apartments haben Namen wie »Aestiq«, »Beatniq« oder »The Strand«.

Thailands Superreiche sind aber eher in den Seitenstraßen zu Hause.

In einer davon steht die Villa der Yoovidhyas. Geschätztes Vermögen: mehr als acht Milliarden Euro. Der Großteil stammt aus dem Verkauf eines pappsüßen Getränks mit aufputschender Wirkung. Der Name: Krating Daeng, Roter Stier. Familienoberhaupt Chaleo Yoovidhya brachte das Getränk in Thailand Mitte der 1970er Jahre auf den Markt. Bald kamen auch die Touristen auf den Geschmack. 1982 trank der Österreicher Dietrich Mateschitz das erste Mal davon – er vermarktet es nun als »Red Bull« im Rest der Welt.

Die Thonglor steht aber auch für Thailands Schattenseiten, und das hat ebenfalls mit den Voovidhyas zu tun. In einer Septembernacht 2012 fuhr einer der Enkel des Firmengründers, Vorayuth (damals 27), mit seinem Ferrari betrunken einen Polizisten zu Tode. Den Ermittlungen zufolge schleifte er das Opfer dutzende Meter mit. Dann haute er ab. Kurz darauf wurde der »Boss« (so der Spitzname) in der Familienvilla wegen fahrlässiger Tötung, Fahrerflucht und Trunkenheit am Steuer festgenommen. Höchststrafe: zehn Jahre. Das Verhör fand auf dem Polizeirevier der Thonglor statt. Doch gegen 12 500 Euro Kaution kam der Milliardärsenkel wieder frei. Das Land empörte sich, aber bestraft ist er bis heute nicht. Viele sehen darin den Beweis für den alten Verdacht, dass Thailands superreiche Familien tun und lassen können, was sie wollen. Vorayuth soll nun im Ausland sein. Der Prozess lässt auf sich warten. Bald ist die Sache verjährt. Auf der Thonglor reden sie nur noch selten davon.

36

Laden mit Süßfrüchten

1, SUKHUMVIT 55, THONGLOR, TEL. +66 2392 4804. TÄGL. 10–22 UHR. SKYTRAIN-STATION: THONG LO. GLEICH UM DIE ECKE GIBT ES ÜBRIGENS EINEN ANDEREN LADEN MIT AUSGEZEICHNETEN MANGOS, DIE MEIST ETWAS PREISGÜNSTIGER SIND.

TIPP

WENIGER BEKANNTE FRÜCHTE, DIE MAN IN BANGKOK NOCH KOSTEN SOLLTE: DRACHENFRUCHT (PITAYA), RAMBUTAN (NG-OCK), ROSA APFEL (CHAM POO), MANGOSTEEN (MONG KUT), LONGAN, MAYONG CHIT UND – WER MAG – AUCH DIE STINKFRUCHT DURIAN.

An besseren Tagen ist Bangkok wirklich so etwas wie die tropische Ausgabe von New York. Der Slogan »The Big Mango« – eine Erfindung von Tourismusmanagern wie »The Big Apple« – passt durchaus.

In manchen Momenten gleicht die Stadt einer jungen Mango: hart, etwas zu bitter, kaum zu genießen. Anderntags ist sie wie eine überreife Frucht: saftig, klebrig, leicht verderblich. An den Kern kommt man in beiden Fällen nur schwer heran.

Mangos – Ma Muang – gibt es überall zu kaufen. An jeder Straßenecke, auf jedem Markt, in jedem Feinkostgeschäft. Manchmal von fliegenden Händlern, die mit Kleintransportern unterwegs

sind. Auf der Ladefläche liegen die Früchte dann zu Hunderten.
Am besten schmecken sie bei »Mae Varee«. Der Laden von Mutter Varee befindet sich gleich auf den ersten Metern der Thonglor, um die Ecke der Skytrain-Station, bevor die Straße schick wird. Hier gibt es Mangos in allen denkbaren Variationen. Sonst nichts. Es gibt sie in Grün, in Streifen geschnitten und etwas säuerlich. In reifem Gelb, idealerweise mit ersten schwarzen Punkten. Als Marmelade, ein wunderbares Frühstück. Vor allem aber: als »Khao Niao Ma Muang«. Das ist die beste thailändische Nachspeise überhaupt: süßer Klebreis mit Kokosmilch und ein paar Stückchen Mango. Mit dem, was in Deutschland unter diesem Namen verkauft wird, hat das alles herzlich wenig zu tun. Die größten Exemplare können ein knappes Kilo wiegen. Kenner schwören darauf, Mangos nur in den Monaten März und April zu essen. Dann sind sie am besten.
So sieht das auch »Mutter Varee«, die eigentlich Varee Jeensuwan heißt. Seit mehr als 35 Jahren steht die stämmige Frau mit praktischer Kurzhaarfrisur im Laden. Ihre Mutter hat hier ebenfalls schon gearbeitet. 30 Kisten verkauft sie an normalen Tagen. An die 600 Kilo.
Mittags um eins, wenn die Thais vom Mittagessen kommen, und abends, wenn es nach

Hause geht, stehen die Leute hier Schlange. Die meisten sind Stammkunden, aber seit einer Weile kommen auch Touristen.

Eigentlich hat »Mutter Varee« nichts dagegen, wenn sich die Leute die Mangos aussuchen. Aber lieber macht sie das selbst. Sie fragt dann immer, wann die Mango gegessen werden soll. »Am besten sind sie, wenn sie die ersten schwarzen Punkte haben«, sagt die Chefin. »Dann halten sie noch fünf Tage.« In welchem Monat auch immer.

37

Schildkrötenhaus

18 SOI PROM MITR / ECKE SUKHUMVIT 39.
SKYTRAIN-STATION: PHROM PHONG.

TIPP

BANGKOKS ITALIENISCHE GEMEINDE – UND NICHT NUR DIE – SCHWÖRT AUF EINE PIZZERIA GANZ IN DER NÄHE, DIREKT AN DER SKYTRAIN-STATION ASOK: »PIZZA PALA«.

Zum Schicksal der Stadt gehört, dass Lieblingsorte verschwinden. Manchmal sind sie plötzlich weg, von einem Tag auf den anderen. Manchmal kann man dabei über viele Jahre hinweg zusehen. So wie beim Schildkrötenhaus. Anfang der 1990er Jahre lebte dort einer der legendären Auslandskorrespondenten des *Spiegels*, Tiziano Terzani.
Kurz vor seinem Tod 2004, schrieb er noch einen Bestseller: *Das Ende ist mein Anfang*. Darin erinnerte er sich an »das schönste Haus, in dem wir je gewohnt haben: Turtle House, ein altmodisches thailändisches Holzhaus mit einem Garten voller tropischer Bäume und einem großen Teich mittendrin«.

Das Haus gehörte früher einem Amerikaner namens William Warren. Der Mann war ein Freund des CIA-Agenten Jim Thompson, der die Thai-Seide wiederentdeckte und dann eines Tages im Dschungel verschwand. Als Terzani 1990 eine Unterkunft für seine Familie suchte, empfahl ihm jemand, Kontakt mit Warren aufzunehmen.

Das Haus war in katastrophalem Zustand: das Teakholz von Termiten zerfressen, das Grundstück mit Mücken verseucht. Terzani ließ es von Grund auf renovieren. Die Balken wurden ausgewechselt. Im Garten baute er in der Krone eines Mangobaums ein Gästezimmer. Nur erreichbar über eine Leiter. Am Teich ließ er sich ein Häuschen mit Arbeitszimmer einrichten, in dem eine Palme wuchs.

Seinen Namen hatte das Haus von einer Schildkröte, die seit Jahrzehnten im Teich lebte und sich von kleinen Gänsen und Enten ernährte, wenn diese nicht aufpassten. Erst als die Terzanis auf die Idee kamen, morgens eine Leine mit rohem Hühnerfleisch in den Teich zu hängen, ließ sie davon ab. Jedenfalls solange niemand das Frühstück vergaß.

Mit Bangkok an sich wurde der Italiener Terzani nie richtig warm. Trotzdem hielt er es fünf Jahre dort aus. Über sein Haus schrieb er: »Es war eine Oase.«

Später wurde aus dem Turtle

House ein teures Restaurant. Manchmal, wenn die Köche Hühnchenreste in den Teich warfen, ließ sich die Schildkröte wieder blicken. Später konnte man das Grundstück betreten, indem man vorgab, auf der Suche nach einer Immobilie zu sein. Oder auch einfach nur freundlich fragte.

Ein netter Herr namens Khun Kamsing führte dann durch die Räume. Er war früher der Gärtner. In den Regalen standen Fotos der Terzanis und einige seiner Bücher. Draußen im Teich sprudelte noch die Fontäne.

Dann kaufte ein Immobilienentwickler das Gelände, um ein Hochhaus mit teuren Apartments zu bauen. Noch eines. Um die Pflanzen kümmerte sich niemand mehr. Auch nicht um das Schloss, das den Zugang versperren sollte. Nachts wurden wilde Partys gefeiert.

Nun gehört alles einer Investorengruppe. Khun Kamsing hat Bangkok verlassen. Die Schildkröte ist tot.

38

Glashaus im Garten

9, PHROM PHAK ALLEY, WATTHANA, TEL. +66 2084 8649. DI-SO 9.30-18 UHR. WWW.PATOM.COM

Das »Patom« ist kein Ort fürs Wochenende. Außer man schaut gern dabei zu, welch unglaubliche Leidenschaft und Geduld Thais dabei entwickeln, Handy-Fotos zu machen.

Das Bio-Café in einer Seitenstraße der Thonglor ist samstags und sonntags der Selfie-Hotspot der Stadt. Hier trifft sich der Nachwuchs aus reicheren Familien, um zu posieren. Für sich und für andere. Was kann es für einen Influencer, der auf sich hält, schließlich Schöneres geben, als in einem Glashaus zu sitzen, umgeben von Palmen, Kakteen und anderen tropischen Pflanzen? Die Ergebnisse sind tausendfach auf Instagram zu sehen: Hashtag #patom.

TIPP

EIN ANDERES GUTES BIO-RESTAURANT MIT ANGESCHLOSSENEM LADEN FINDET SICH DIREKT AN DER BTS-STATION PHROM PHONG: »SUSTAINA«, 2/F, 1/40 SUKHUMVIT SOI 39, 10 270, TEL. +66 2257 7573. ODER AUCH: »BROCCOLI REVOLUTION« (VEGAN), 899 SUKHUMVIT/49, TAN NUEA, WATTHANA, TEL. +66 9525 19799.

Das »Patom« ist eine Erfindung von Anak Navarej, der selbst aus einer bekannten Familie kommt. Der Großvater war Bangkoks erster Gouverneur. In Nakhon Patom, 50 Kilometer außerhalb, besitzt die Familie seit einem halben Jahrhundert ein Hotel am Fluss. Vor ein paar Jahren beschloss der Enkel, aus dem Rosengarten dort eine Bio-Farm zu machen. Mit dem Obst und Gemüse wird jetzt das Hotel versorgt, einige von Bangkoks besseren Restaurants und auch das »Patom«. Das Café ist die Vitrine der ganzen Unternehmung.

Die Holzbalken, die das Glashaus zusammenhalten, kommen aus Nakhon Patom. Rundherum hat Anak einen botanischen Garten geschaffen. Das geht schnell hier. Manchmal hat man den Eindruck, den Pflanzen beim Wachsen zusehen zu können.

Inzwischen gibt es im »Patom« auch einen Mittagstisch, alles bio: Pad Thai mit Bananenblüten oder Spaghetti mit Fisch aus kontrollierter Zucht und Chilischoten. Das Essen kommt so wie früher in metallenen Henkelmännern auf den Tisch. Wer etwas mitnehmen will, bekommt es in Bananenblätter eingewickelt. Seit einer Weile wird im Glashaus zudem eine eigene Kosmetikserie verkauft.

Immer noch kann man hier in aller Ruhe einen sehr guten Cappuccino trinken. Nur samstags und sonntags nicht.

39

Paradies der Damen

305, SOI EKAMAI 19, SUKHUMVIT 63, WATTHANA, TEL. +66 2392 6218. TÄGL. 8-18 UHR. SKYTRAIN-STATION: EKAMAI. UND SIEBEN ANDERE FILIALEN IN DER STADT.

TIPP

GLEICH UM DIE ECKE DES »PANIPA« IN DER EKAMAI IST DIE LEGENDÄRE SUPPENKÜCHE »WATTANA PANIT«. SEIT MEHR ALS EINEM HALBEN JAHRHUNDERT MACHEN SIE DORT IN EINEM RIESIGEN TOPF EINE AUSGEZEICHNETE RINDERBRÜHE. SCHMECKT AUCH BEI 40 GRAD.

Auf dem ersten offiziellen Foto, das die Thais von ihrer neuen Königin Suthida zu Gesicht bekamen, wirkte sie überaus streng. Die ehemalige Stewardess und Leibwächterin, die König Maha Vajiralongkorn drei Tage vor der Krönung im Mai 2019 zur vierten Ehefrau nahm, trug Paradeuniform mit Stiefeln und viele Orden dazu. Der Blick ging ernst in die Kamera.

Nur die Fingernägel passten nicht: Jeder einzelne war kunstvoll mit einer Snoopy-Figur verziert, dem Hund der Peanuts. Die Maniküre muss Stunden gedauert haben.

Den Hang zu ausgiebigen Aufenthalten beim Friseur und im Kosmetikstudio teilt die bürger-

lich geborene Monarchin mit vielen Frauen (und zunehmend auch Männern) im Volk. Die Thais empfinden große Freude an der Perfektionierung des Erscheinungsbildes – oder dem, was sie dafür halten.
Besonders im Trend sind Haut-Aufheller auf der Basis von Schneckenschleim. Im Unterschied zu Leuten aus dem Westen haben die Thais ihren Teint gern so weiß wie möglich.
Besonders gut lässt sich der Schönheitskult in den acht Filialen von »Panipa« beobachten, einer Kette von Studios, die es schon seit einem halben Jahrhundert gibt. Hier lässt sich die Mittelklasse rundum verwöhnen.
Das ist wörtlich gemeint: Bei »Panipa« kann man sich die Haare machen lassen sowie Kosmetik, Maniküre und Pediküre dazu. Zudem sind verschiedenste Massagen im Angebot. Alles geschieht gleichzeitig. Keine Seltenheit, dass sich fünf Leute um eine Kundin kümmern.
Das Gesamtpaket kostet in der Regel immer noch weniger als ein einfacher Friseurbesuch in Europa – was zur Folge hat, dass auch Farangs, westliche Ausländer, die Dienste von »Panipa« gern in Anspruch nehmen.

40

Abschließbar

ADRESSEN BEI REDAKTIONSSCHLUSS:
LOCKER ROOM, 406, SOI SUKHUMVIT 55, WATTHANA, SKYTRAIN-STATION THONG LO.
PHOTO BOOTH, 8 ON ELEVEN, SOI SUKHUMVIT 11.
ROOM NO. 72, JOSH HOTEL, PHAHOLYOTHIN ROAD, SOI AAIR 4 NUA.
KU BAR, 3/F 469 PHRA SUMEN RD, WAT BOWON NIWET.
RABBIT HOLE, 125 THONGLOR SUKHUMVIT 55, WATTHANA.

Der »Locker Room« macht es seiner Kundschaft wirklich nicht leicht. Früher musste man in einer Seitenstraße der Thonglor über einen Parkplatz gehen, an der Küche eines chinesischen Restaurants vorbei und stand dann vor Schließfächern, wie man sie von Bahnhöfen kennt. Ende des Weges.

Von wegen. Mit einem sachten Druck auf das richtige Fach ließ sich die Wand beiseiteschieben, und man stand in einer der besten Bars der Stadt. Bis die Betreiber – ein Team aus Singapur, Tokio, Taipeh und Bangkok – umziehen mussten. Jetzt ist die Bar direkt auf der Thonglor. Damit die Sache nicht zu einfach wird, wurde noch ein Rätsel einge-

SEEK NO FURTHER
Faking
GET RAD'S
GET RAD'S
GET RAD'S
Gourmete Cuisine
MAJESTIC
SWING TOYS
Thirst
TOT
TOT

baut. Hat man die Wand aus Schließfächern geknackt, muss ein weiteres Hindernis überwunden werden. Mehr wird nicht verraten.

So ist das in Bangkok mit den »Hidden Bars«, den versteckten Bars, die ziemliches Gewese um ihre Adresse machen. Der Trick funktioniert. Die Szene hat großes Vergnügen daran, immer neue Verstecke zu entdecken. Mit den richtigen Freunden, mit Facebook, Instagram und Google Maps ist das nicht sonderlich schwer.

Ähnlich gut versteckt wie die »Locker Bar« ist die »Photo Booth«. Dort muss man zunächst durch ein Restaurant gehen und in eine Passfoto-Kabine, bevor sich die richtige Tür öffnet. Oder die »Room No. 72«, für die man sich eine Schlüsselkarte erfragen muss. Und die »Ku Bar«, auf die an der Tür zur Straße nur ein kleines chinesisches Schriftzeichen hinweist. Und das »Rabbit Hole« auf der Thonglor, das nicht einmal so etwas hat.

Naturgemäß ist das Vergnügen mit den versteckten Bars ein schnelllebiges Geschäft. Die Adressen haben selten lange Bestand. Zugleich haben die Betreiber selbst Interesse daran, die Suche nicht allzu kompliziert zu machen.

Selbst beim »Locker Room«. Wo immer er auch gerade ist.

41

Künstler auf dem Eis

EISLAUFFLÄCHEN:
SUB ZERO, 1239 SUKHUMVIT RD, KHLON TAN NUEA, WATTHANA, TEL. +66 2391 1944.
THE RINK ICE ARENA, CENTRAL PLAZA GRAND RAMA 9, RATCHADAPHISEK RD, HUAI KHWANG, DIN DAENG, TEL. +66 2103 4750.
THE RINK: CENTRAL WORLD, 99/9 RAMA I RD, PATHUM WAN, TEL. +66 8187 51 212.

Die Bangkoker sind Helden der Hitze. Muss man sein, wenn man in der heißesten Mega-City der Welt zu Hause ist. Durchschnittstemperatur übers gesamte Jahr hinweg, inklusive der Nächte: 28,6 Grad. Am schlimmsten sind der April und der Mai. Dann werden in der Stadt mehr als 40 Grad gemessen. Selbst der kürzeste Weg zu Fuß wird zur Strapaze. Und der Strand ist weit.

Aber man kann sich einrichten. Auf Kleidungsetikette wird in Bangkok kein großer Wert gelegt. Das Hemd darf über der Hose hängen. In den meisten Büros sind Flip-Flops erlaubt. So weit wie der eigene König, der bei seinen Deutschland-Aufent-

halten mehrfach mit halbnacktem Oberkörper abgelichtet wurde, geht aber kaum jemand.

Den hohen Temperaturen ist auch das geringe Tempo geschuldet, mit dem die Leute durch die Gegend laufen. So wenig Bewegung wie möglich. Zusammen mit der Neigung, ständig aufs Smartphone zu schauen, ergibt das eine Geschwindigkeit, die Mitteleuropäer auf Bürgersteigen regelmäßig in die Verzweiflung treibt.

Dafür tragen die Thais deutlich weniger Schwitzflecken spazieren. Sagen würden sie das in ihrer Höflichkeit nie. Es gibt andere Wege, Ausländer hübsch zu triezen. Wie die freundlich klingende Frage, ob es draußen möglicherweise gerade regne. Oder das Angebot eines buddhistischen Mönchs, aus seiner Wasserflasche zu trinken.

Manchmal steht aber auch Thais der Sinn nach Abkühlung. Dann hilft ein Besuch in der Eissporthalle.

Seit ein paar Jahren hat sich das Schlittschuhlaufen zur Trendsportart entwickelt. Mehrere Shopping-Malls haben eigene Eisflächen. Die Klimaanlagen laufen im Höchstbetrieb – ein Zeichen von Wohlstand. Je kälter, desto cooler.

Für die Thais ist das Schlittschuhlaufen ein kindliches Vergnügen. Als wäre gerade der erste Schnee ihres Lebens gefallen. Der Spaß, ihnen dabei zuzusehen, ist kaum geringer. Die Anfänger halten sich sicherheitshalber an Schiebe-Pinguinen fest. Erstaunlich viele haben es aber zu einer gewissen Professionalität gebracht. Selbst Thais, die gedankenversunken Pirouetten drehen, kann man beobachten. Für jüngere Paare ist das gemeinsame Dahingleiten der Inbegriff von Romantik.

Abends, wenn die Tagesbesucher weg sind, vermieten die Betreiber ihre Hallen gern an Eishockeymannschaften von Ausländern, die in Bangkok zu Hause sind. Vor einiger Zeit mussten sich die kanadischen Expats in einem legendären Spiel einem deutsch-österreichischen Team geschlagen geben. Aber das ist eine andere Geschichte.

Untere Sukhumvit

42

Mann mit Goldcolt

SIAM SQUARE, SOI 1, TEL. +66 2251 2861.
BTS: SIAM, WWW.APEXSIAM-SQUARE.COM.

TIPP

DIE BANGKOK-SCHAUPLÄTZE AUS *DER MANN MIT DEM GOLDENEN COLT*: DIE KHLONGS, DIE ALTEN KANÄLE; DIE KARATESCHULE IM ANCIENT CITY, EINEM FREILUFTMUSEUM MIT NACHBILDUNGEN BERÜHMTER GEBÄUDE UND TEMPEL, 30 KILOMETER AUSSERHALB DER STADT; DAS RATCHADAMNERN-STADION MIT SEINEN KICKBOXERN.

Es gibt auf der ganzen Welt wahrscheinlich keinen besseren Ort, um sich *Der Mann mit dem goldenen Colt* anzusehen als das »Scala«.

Man geht in dem Art-déco-Bau die breite Treppe hoch, kauft seine Karte für den großen Saal und wartet, bis es dunkel wird. Und lässt sich vom James-Bond-Klassiker ins Bangkok (und Macau und Hongkong) des Jahres 1974 versetzen.

Wer nach zwei Stunden wieder nach draußen kommt, wundert sich zuallererst über den vielen Verkehr. Viel weniger würde überraschen, wenn jetzt Roger Moore um die Ecke käme oder Christopher Lee, der den Bösewicht Scaramanga verkörperte.

Manchmal zeigen sie *The Man with the Golden Gun* noch in Sondervorstellungen. Hier hatte der Film auch Premiere. Das »Scala« war gerade fünf Jahre alt. Mit Saal für tausend Leute, riesigem Kronleuchter in der Lobby und goldenen Rosetten an der Decke war es das luxuriöseste Kino der Stadt.

Heute käme niemand mehr auf die Idee, hier den roten Teppich auszurollen. Für so etwas gibt es nun die Multiplex-Kinos.

Das »Scala« liegt nun inmitten von Einkaufszentren an der Skytrain-Station Siam, aber doch etwas versteckt. Hollywood-Filme laufen hier noch immer, meist jedoch mit Verspätung.

Dafür sind die Tickets billig, keine fünf Euro der teuerste Platz. Die Platzanweiser, die noch ihre gelben Jacken tragen, sind mit einem kleinen Trinkgeld zufrieden.

Gut auch, dass die Klimaanlage nicht ganz so leistungsfähig ist wie in modernen Häusern: Man hält es hier auch ohne Pullover aus.

In Bangkoks Cineasten-Szene ist das »Scala« beliebt, weil es auch Indie-Filme zeigt. Das machen nicht viele hier.

Das Kino ist bis heute im Besitz der Gründerfamilie. Immer wieder gibt es Gerüchte über eine Schließung. Bislang hat es alle überlebt. Das Gelände gehört glücklicherweise einer Universität.

43

Maßschneider mit Turban

130 SUKHUMVIT RD, KHLONG TOEI,
TEL. +66 2255 3714. TÄGL. 10-20 UHR.
BTS-STATION: NANA. WWW.DRESS-FOR-SUCCESS.COM

TIPPS

ANDERE GUTE MASSSCHNEIDER SIND PINKY TAILOR (88/40 MAHATUN PLAZA ARCADE, TEL. +66 2252 9680. TÄGL. 10-19 UHR), GULATI SAM (SOI SUKHUMVIT 3, TEL. +66 2500 2934. TÄGL. 10-20 UHR) UND RAJA'S FASHION (160 THANON SUKHUMVIT, KHLONG TOEI, TEL. +66 2253 8379. TÄGL. 10.30-20 UHR).

Wenn sich in Bangkok die Diplomaten treffen, geht es natürlich um die große Politik. Manchmal aber auch nur um den besten Schneider.
In einer Stadt, wo gut geschnittene Maßanzüge ein Bruchteil dessen kosten, was in London an der Saville Road gezahlt wird, werden die guten Adressen hoch gehandelt. Von den Botschaftern käme niemand auf die Idee, sich einen Anzug in der Khao San zu besorgen, so wie die Touristen, denen es nie billig genug sein kann.
Im »Lebensbedingungsbericht« zu Bangkok, den deutsche Diplomaten vor ihrer Versetzung vom Auswärtigen Amt erhalten, heißt es: »Maßkleidung ist verhältnis-

mäßig preiswert. Man sollte sich die Stoffe jedoch genau ansehen und nur bei Schneidern arbeiten lassen, die von Kollegen empfohlen worden sind.«

So hat jede Botschaft ihren bevorzugten Schneider. Die Franzosen kaufen gern bei Pinky Tailor, die Deutschen bei Gulati Sam. Das Maß aller Dinge, was Anzüge angeht, sind aber immer noch die Amerikaner. Die lassen sich von Jesse und Victor Gulati einkleiden, Vater und Sohn aus einer indischen Sikh-Familie, beide stets mit Turban.

Ihr Geschäft namens »Rajawongse« gibt es seit 1973. Anfangs stand Jesse mit seinem Bruder Raja hier, bis dieser sich selbständig machte. Jetzt arbeiten Vater und Sohn auch schon seit mehr als 35 Jahren zusammen, auf wenigen Quadratmetern und mit einer einzigen Umkleidekabine nur. Umgangssprache ist Englisch. Man spricht sich mit Vornamen an.

Jesse und Victor haben bereits drei US-Präsidenten ausgestattet – und können das im Gegensatz zu vielen anderen Schneidern in Bangkok, die Ähnliches behaupten, beweisen.

George Bush, der Vater, war nach dem Ende seiner Amtszeit persönlich im Laden. Die Fotos davon flimmern in Endlosschleife über den Bildschirm. George W., der Sohn, und Barack Obama ließen die Gulatis ins Hotel kommen.

Viel darüber erzählen will Jesse nicht. Diskretion gehört zum Geschäft. Aber Obama habe schon sehr viel geredet, während er vermessen wurde. Zwei Anzüge habe er sich machen lassen. Die Bushs hätten deutlich mehr ausgegeben, nicht nur die beiden Georges. »Jeder in der Bush-Familie hat einen Anzug von uns«, behauptet Jesse.

In der Kabine hängen Visitenkarten von Amtsträgern und Geschäftsleuten aus aller Welt. Auch für Geheimdienstler und Leibwächter schneidern sie oft. »Die mögen ihre Anzüge gern ein bisschen weiter«, verrät Victor. Touristen sind ebenfalls willkommen. Eine Woche Zeit vom Maßnehmen bis zum Abholen reicht. Notfalls schicken die Gulatis den Anzug mit der Post hinterher.

Das Geschäftsgeheimnis, sagt Jesse, sei schlicht. »Wir vermitteln den Leuten den Eindruck, Geld zu sparen, während sie es ausgeben. Wenn sie gehen, haben sie nicht nur einen neuen Anzug, sondern auch das Gefühl, reicher geworden zu sein.«

44

Kleines Guggenheim

939 RAMA I RD, WANG MAI,
PATHUM WAN, BTS: NATIONAL STADIUM,
WWW.BACC.OT.TH

Die Gegend um den Siam Square ist das Herz von Bangkoks Einkaufswelt. Hier treffen eine Vielzahl von Shopping-Malls aufeinander: die drei Häuser, die Siam im Namen tragen (Siam Center, Siam Discovery und Siam Paragon), die weniger schicken MBK und Bonanza Mall sowie, etwas weiter entfernt, Central World, eines der Häuser der großen Siam-Konkurrenz.
Für Schnäppchenjäger sind die Malls, durch Fußgängerbrücken miteinander verbunden, ein Paradies. Für andere können sie zur Konsumhölle werden, aus der man so schnell keinen Ausweg findet.
Trotzdem wäre an der Skytrain-Station Siam gut Platz für noch

TIPP

EIN ANDERES MUSEUM MIT ZEITGENÖSSISCHER KUNST IST DAS MUSEUM OF CONTEMPORARY ART (MOCA). MOCA, 499 THANON KAMPHAENGPHET 6, LADYAO, CHATUCHAK, TEL. +66 2016 5666. TÄGL. 10-18 UHR. WWW.MOCABANGKOK.COM

eine Mall gewesen. Das Gelände war vorhanden, und Interessenten gab es genug. Schließlich entschied sich die Stadt jedoch, dem Drängen der lokalen Kunstszene nachzugeben.

Nach achtjähriger Bauzeit – unterbrochen durch Geldschwierigkeiten und Bestechungsvorwürfe – eröffnete 2008 ein staatlich finanziertes Kunst- und Kulturzentrum: das Bangkok Art and Culture Centre (BACC).

In der Szene wird es »Kleines Guggenheim« genannt. Tatsächlich erinnert die Architektur des weißen Betonbaus innen wie außen an das weltbekannte Museum in New York.

Pro Jahr kommen mehr als 1,7 Millionen Besucher. Der Eintritt ist frei. Das BACC hat keinen großen eigenen Bestand. Mit Wechselausstellungen auf neun Etagen, insbesondere zu moderner asiatischer Kunst, hat es sich aber einen Namen gemacht.

Es ist allerdings dann doch die Thai-Variante des Guggenheims: Neben Kunst ist viel Platz für Essen und Schnickschnack. Im zweiten Stock können sich die Besucher an Ständen malen lassen – in New York undenkbar. Porträts des alten Königs sind selbstverständlich auch im Angebot. Eine Etage höher gibt es Thai-Küche zu günstigen Preisen.

Die langjährige Direktorin Lakana Kunavichayanont sagt entschuldigend dazu: »Das BACC ist ein Graswurzelprojekt: das Modell eines Kunstzentrums, wie wir es in Thailand nie hatten. Wenn wir ein Mensch wären, wären wir immer noch ein Kind.«

Allerdings ist nicht sicher, ob das BACC das Erwachsenenalter erreicht. Immer wieder gibt es Streit mit der Stadt, die die Finanzierung in Frage stellt. Die Politik stieß sich an einigen Ausstellungen und auch daran, dass nach dem jüngsten Militärputsch das Zentrum der Opposition eine Bühne bot.

Noch ist nicht sicher, wie der Streit ausgehen wird. Vielleicht gibt es am Siam Square doch irgendwann eine Shopping-Mall mehr.

45

Spion im Dschungel

JIM THOMPSON HOUSE, 6 RAMA I RD, WANG MAI, TEL. +66 2216 7368.
TÄGL. 9-18 UHR. BTS-STATION: NATIONAL STADIUM, EIGENE HALTESTELLE AM KANAL SAEN SAEB.

TIPP

EINE ALTERNATIVE ZUM JIM-THOMPSON-HAUS IST DAS VIEL WENIGER BESUCHTE BANGKOKIAN MUSEUM. 273 SAPHAN YAO ALLEY, KHWAENG SI PHRAYA, KHET BANG RAK, TEL. +66 2233 7027.

Jim Thompson ist tot. Vor ein paar Jahren hätte man sich für diesen Satz noch einiges an Protest anhören müssen. Inzwischen aber behaupten nicht einmal mehr die größten Verschwörungstheoretiker, dass der US-Amerikaner, der 1967 im Dschungel verschwand, noch am Leben ist. Der »Seidenkönig« wäre inzwischen weit über hundert …

Trotzdem gehört James Harrison Wilson Thompson, geboren 1906, in Thailand bis heute zu den bekanntesten Amerikanern überhaupt. Sein Haus aus sechs alten Teakholz-Bauten ist eine von Bangkoks Top-Sehenswürdigkeiten. Unter seinem Namen werden jedes Jahr Millionen Sei

dentücher und -krawatten verkauft.

Dahinter steht die Geschichte eines Mannes, der es gleich mehrmals schaffte, seinem Leben eine neue Wendung zu geben. Anfangs, noch in den USA, versuchte er sich als Architekt. Dann wechselte er zum CIA-Vorläufer Office of Strategic Services (OSS). Kaum war er in Bangkok, war der Zweite Weltkrieg zu Ende. Thomson quittierte den Dienst – blieb der CIA aber verbunden. Nach einem Ausflug ins Hotelgewerbe entdeckte er das Geschäft mit handgefertigter Seide. Thailand hatte die Herstellung damals so gut wie aufgegeben. Ihm gelang es, die Produktion wiederzubeleben und Thai-Seide zur Weltmarke zu machen.

Sein Haus am Kanal wurde zum Treffpunkt der High Society. Thompson verkraftete auch den einen oder anderen Skandal. So fanden sich in seiner großartigen Sammlung südostasiatischer Kunst fünf gestohlene Buddha-Köpfe, die er ans Nationalmuseum zurückgeben musste.

Trotz des geschäftlichen Erfolgs hatte er nur 50 Dollar auf dem Konto, als er im März 1967 mit einer langjährigen Freundin nach Malaysia reiste. Auf Einladung von Freunden wollten die beiden ein paar Tage im Hochland verbringen. Am Ostersonntag verzichtete Thompson, warum auch immer, auf den üblichen Mittagsschlaf und ging allein in den Dschungel. Nicht einmal Zigaretten und seine Pillen gegen Gallenschmerzen nahm er mit.

Seither fehlt von ihm jede Spur. Es gibt unzählige Theorien, wie und warum er verschwand: entführt, ermordet, von einer Schlange gebissen, von einem Tiger gefressen, gestürzt, dem Charme einer Orang Asli erlegen (so heißen dort die Bewohner des Dschungels), des bisherigen Lebens überdrüssig geworden oder auch einfach nur verirrt.

Der amerikanische Weltenbummler Llewellyn Toulmin meint: »Die wahrscheinlichste Erklärung ist ein simpler Unfall – zum Beispiel, dass er über eine Wurzel gestolpert ist und sich das Genick gebrochen hat. Oder aber, dass er eine Gallenkolik hatte und verdurstete.«

Das Rätsel trägt dazu bei, dass man den Namen bis heute kennt. Die Thai Silk Company vermarktet ihn rund um den Globus. Am alten Haus gibt es neben einem sehr lohnenswerten Museum, Geschäft und Souvenirshop auch Café, Weinbar und Restaurant.

Über Thompsons Schreibtisch hängt dort ein Horoskop. Leuten, die im Jahr des Pferdes geboren sind, wird mit 61 Jahren ein Unglück prophezeit. Thompsons Geburtsjahr 1906 war für die Chinesen das Jahr des Pferdes. Als er in den Dschungel ging, war er gerade 61 geworden.

46

Kanal der 100 000 Mückenstiche

TIPP

DIE BOOTE VERKEHREN TAGSÜBER VON DER HALTESTELLE PANFA LEELARD, GANZ IN DER NÄHE DES GOLDENEN BERGS, BIS ZUM WAT SRIBOONREUNG, EINEM TEMPEL IM NORDOSTEN BEIM »FRIEDHOF DER FLUGZEUGE«. ZWISCHENDURCH MUSS MAN EINMAL UMSTEIGEN. DIE FAHRT DAUERT ETWA EINE DREIVIERTELSTUNDE. DER PREIS BETRÄGT UMGERECHNET ETWA 40 CENT.

Der Spiegel ahnte es schon 1982. Das »Venedig des Ostens«, wie Bangkok wegen seiner vielen Kanäle genannt wurde, sei dem baldigen Untergang geweiht. Das Wasser werde der Stadt zum Verhängnis. »Wenn nichts gemacht wird«, so zitierte das Magazin den Geologie-Professor Prinja Nutalaya, »dann sinkt Bangkok in 20 Jahren ganz unter den Meeresspiegel.« Ganz so schlimm ist es nicht gekommen. Noch liegt die Stadt anderthalb Meter drüber. Allerdings geht es tatsächlich jedes Jahr ein paar Millimeter weiter runter. Zwischen Mai und September, wenn der Regen in schier unfassbaren Mengen vom Himmel prasselt, steht das Wasser des Öfteren

kniehoch in den Straßen. Auf der sonst so viel befahrenen Sukhumvit halten Männer dann Fische in die Kameras, die sie gerade aus den Fluten gezogen haben.

Grund dafür ist der Klimawandel – und dass Bangkok weitgehend zubetoniert ist. Vom ehemals dichten Netz an Kanälen, den Khlongs, wo einst gefischt, gewaschen und gebadet wurde, ist wenig übrig. Die meisten wurden zugeschüttet, um Straßen und Häuser zu bauen.

Einen großen Kanal gibt es aber noch: den Khlong Saen Saeb, 53 Kilometer lang. Er beginnt mitten in der Stadt, ganz in der Nähe des Hauptbahnhofs, und führt bis in die Provinz.

Wie so oft in der thailändischen Sprache weiß keiner sicher, was der Name bedeutet. Eine Übersetzung lautet: »Kanal der 100 000 Mückenstiche«. Klingt schlüssig: Der Khlong Saen Saeb hat kaum Gefälle, so dass das Wasser nur sehr langsam fließt – eine ideale Brutstätte für Mücken. Es ist allerdings nicht mehr so schlimm wie früher.

Heute gibt es größere Probleme. Der Khlong Saen Saeb ist zu einer braunen Brühe verkommen, die stellenweise extrem stinkt. Alle Pläne, das Wasser wieder sauber zu bekommen, haben nichts gebracht. Mancherorts werden Abwasser und sonstiger Dreck noch aus Rohren direkt hineingeleitet. So etwas

wie eine funktionierende Kanalisation existiert in Bangkok bis heute nicht.
Anders als in Venedig wohnen hier am Kanal nicht die Reichen, sondern die Armen. Touristen sieht man auf den schmalen Betonwegen zwischen den kleinen Häusern und dem Wasser nur selten. Dabei erfährt man hier vom Alltag in Bangkok viel mehr als in Tempeln oder Malls.
Die Türen der Häuser stehen meist weit offen. Davor ein paar Schuhe, die Wäsche, drei oder vier Stühle und oft auch ein Kochtopf.
Seit einigen Jahren sind auf einer Strecke von 17 Kilometern wieder Linienboote unterwegs: lange Kähne mit Dieselmotoren, die die Luft verpesten, völlig überfüllt sind und erheblich schwanken, wenn der Gegenverkehr durch ist. Aber man zahlt fast nichts, kommt schnell voran und kann der Stadt ins Hinterzimmer sehen. Lohnt sich unbedingt.
Zur Etikette gehört, dass Touristen sich daran beteiligen, die Plastikvorhänge an den Seiten hochzuhalten, damit das Dreckwasser nicht in die Boote spritzt. Dafür wird beim Ein- und Aussteigen, einer ziemlich wackeligen Angelegenheit, auf Ausländer auch gewartet.

Ari & Chatuchak

47

Markt der Märkte

BTS-STATION MO CHIT ODER MRT-STATION CHATUCHAK. WWW.CHATUCHAK.ORG

TIPP

DIREKT AM CHATUCHAK SIND AUCH ZWEI GROSSE MALLS, IN DIE AUSLÄNDER NUR SELTEN GEHEN. DAS ANGEBOT IST ABER DURCHAUS VERGLEICHBAR MIT DEN LÄDEN IN DER INNENSTADT, UND DIE PREISE SIND IN DER REGEL GÜNSTIGER.

Man kann sich auf dem Chatuchak-Markt auch sehr allein fühlen. Zum Beispiel in dem kleinen Geschäft, wo Toon Satapat exotische Tiere verkauft.

Wenn Toon, Anfang 20, einen Kaffee besorgen geht, ist man mit dessen Liebling unter sich: einer Teju-Schuppenechse von anderthalb Metern namens Leroa, die im Laden frei herumläuft. Harmlos, sagt Toon. Glücklicherweise kommt er schnell zurück.

Eigentlich ist man hier aber nie allein, sondern stets mit vielen zehntausend anderen Leuten unterwegs. Am Wochenende sind es mehr als 200 000. Der Chatuchak (den die Thais JJ nennen, weil er auch Jatujak geschrieben

wird) ist angeblich der größte Flohmarkt der Welt. In den mehr als 10 000 Ständen und Läden gibt es praktisch alles.

Man kann sich hier mit schlimmstem Ramsch eindecken – wie den bei Touristen beliebten Elefantenhosen, in denen noch nie jemand gut ausgesehen hat, mit gefälschten Markenbrillen und mit echten Secondhand-Klamotten, mit nachgemachten Buddhas und mit antiken Thai-Möbeln, die tatsächlich ein Vermögen wert sind. Letzteres kommt selten vor.

Dafür gibt es zwei Momente auf dem Chatuchak eigentlich immer: einen, in dem man sich völlig verirrt hat. Und einen, in dem man findet, was man glaubt, schon immer gesucht zu haben. Auch wenn man das bis dahin noch nicht wusste.

Früher war das ein großes Chaos hier. Inzwischen werden an den Eingängen Karten verteilt, die eine grobe Orientierung ermöglichen. Von Sektor 1: Antiquitäten, Thai-Instrumente und Bücher bis Sektor 30: Kleidung und Verschiedenes. Speditionen wie DHL oder UPS haben Büros, um Einkäufe gleich ins Ausland zu verschicken. Auch Thai-Massagen und Essen gibt es en masse.

Handeln ist Pflicht. Als Faustregel gilt: die Hälfte des Preises bieten, den der Händler nennt, und sich dann bei zwei Drittel einigen. Aber: nicht noch um den letzten Baht schachern. Wer es beim Feilschen übertreibt, verletzt den hiesigen Grundgedanken, Ärmeren zu helfen.

Wer sehen will, wie die Thais das untereinander anstellen, geht am besten zu Sektion 13 – dort, wo mit Tieren gehandelt wird. Nicht nur Echsen, auch Vögel, Fische, Schlangen und Insekten in allen möglichen Größen. Es ist eng – für die Tiere noch enger – und es stinkt beträchtlich. Aber wer einmal erlebt, wie hier gefeilscht wird, vergisst das nicht so schnell.

48

Stinkfrucht in Luxus

101 KHWAENG CHATUCHAK, CHATUCHAK, TEL. +66 2279 2080. TÄGL. 6-20 UHR. MRT-STATION: KAMPHAENG PHET, AUSGANG 3.

TIPP

ES GIBT HUNDERTE VON FRISCHMÄRKTEN IN BANGKOK, FÜR JEDEN GELDBEUTEL, FÜR JEDEN GESCHMACK. ZWEI KLASSISCHE THAI-MÄRKTE, GANZ ANDERS ALS DER OR TOR KOR, ABER EBENFALLS JEDEN BESUCH WERT: KHLONG THOEI MARKET AM QUEEN SIRIKIT CONVENTION CENTER UND RATCHAWAT MARKET IN DER NAKHON CHAISI ROAD.

Wenn sich Thailands Stadtobere einen Markt nach ihrem Geschmack einrichten könnten, sähe er aus wie der Markt von Or Tor Kor.

Der Boden mit weißen Fliesen gekachelt, die Mangos und Lychees apart gestapelt, die Reis-Chips zu Pyramiden aufgeschichtet und die Fische fein in Zirkeln arrangiert. Alles mit erkennbarer Ordnung und hygienisch einwandfrei.

Der Or Tor Kor ist die Fünf-Sterne-Version eines thailändischen Markts. So etwa wie die Märkte in Singapur, dem so steril wie teuren Stadtstaat in der Nachbarschaft. Von Zuständen wie dort träumen sie in Südostasiens Amtsstuben allüberall.

Mit schöner Regelmäßigkeit verkünden deshalb Bangkoks Bürokraten, dass endlich Schluss sein müsse mit dem ewigen Chaos auf den Märkten, auf den Straßen, ach was, in der ganzen Stadt. Bisher jedoch haben Stadt, Straßen und die meisten Märkte jede Aufräumaktion überlebt.

Das Merkwürdige am Or Tor Kor: Er ist trotzdem jeden Besuch wert. Der amerikanische Fernsehsender CNN kürte ihn zu einem der schönsten Frischmärkte der Welt. Praktischerweise liegt er direkt gegenüber von Chatuchak.

Das hat seinen Preis. Für ein Mittagessen kann man hier 25 Euro bezahlen – für thailändische Verhältnisse ein astronomischer Preis. Dafür gibt es das Beste vom Besten.

Hier kann, wer will, nachvollziehen, warum Thais so gern Ochsenfrösche essen. Hier bekommt man eine perfekt gewürzte Tom-Yam-Gung-Suppe mit riesigen Crevetten. Sai Oua, die scharfe Wurst aus dem Norden, in ausgezeichneter Qualität. Und die verschiedensten Edelvarianten von Nam Prik, der scharf gewürzten Chili-Sauce, die bei keinem Essen fehlen darf.

Auf dem Or Tor Kor lässt sich auch die Durian probieren – die stachelige Frucht mit dem cremigen Fleisch, die in Asien als »Königin der Früchte« bezeichnet wird. Im Rest der Welt nennt man sie in aller Knappheit »Stinkfrucht« – zu Recht. Ihr Geruch ist so penetrant, dass sie vielerorts nicht mit in Hotelzimmer, Züge oder Flugzeuge darf.

Wer auf dem Or Tor Kor eine kauft, hat deshalb möglicherweise gleich ein Problem. Die U-Bahn zurück in die Stadt hat zwar eine Haltestelle direkt am Markt, aber frische Durians sind auch dort verboten. Nur als Chips, Schokolade und tiefgekühlt sind sie erlaubt.

49

Retter in Orange

TIPP

AUF NACHFRAGE HABEN DIE MOTO-SAI-FAHRER MEISTENS EINEN HELM BEREIT.

Ohne Männer wie Kasem Punrat wäre die Stadt längst verloren. Der Mittfünfziger fährt Moto Sai, sein halbes Leben schon. Das sind die etwa 150 000 Mopedtaxis, ohne die der Verkehr in Bangkok völlig zusammenbrechen würde.

Mit schöner Regelmäßigkeit findet sich die thailändische Hauptstadt auf der Weltrangliste der am schlimmsten verstopften Metropolen ganz oben, noch vor anderen Mega-Cities wie Manila oder Jakarta. Im Durchschnitt verbringen Bangkoks Autofahrer 64 Stunden pro Jahr im Stau. Mehr als zweieinhalb Tage.

Wenn es überhaupt eine Rettung gibt, dann die Moto Sai. Dazu gehört hier alles zwischen Moped,

Roller und Motorrad. Meist sind es kleinere Maschinen japanischer Bauart, nicht mehr als 125 Kubik.

Die Moto Sai kommen durch, wo andere scheitern. Sie schlängeln sich durch den schlimmsten Stau, oft auf abenteuerlichste Weise. Meist geht es um wenige Zentimeter. Auf dem Rücksitz zieht man die Knie besser an.

Die Fahrer tragen Westen in Neonorange mit eingeschweißter Fahrerlaubnis und Nummer auf dem Rücken. Zur Grundausstattung gehören ferner bunte Baumwollhandschuhe, gern mit abgeschnittenen Fingerkuppen, sowie Flip-Flops, gern mit Socken. Helme dagegen, obwohl vorgeschrieben, nicht unbedingt.

An den wichtigen Bahnstationen warten die Moto Sai in großer Zahl auf Kundschaft, zum Beispiel an der Skytrain-Station Ari, wo die Szene gerade gern hingeht.

Im Prinzip hat aber jede Straße von halbwegs Bedeutung einen eigenen Stand. Man nennt sie Win. Die Reviere sind genau aufgeteilt. Man muss es also nicht persönlich nehmen, wenn ein Fahrer einen ignoriert.

Am Win reiht man sich ordentlich in die Schlange ein und wartet, bis man an die Reihe kommt. Die Fahrt kostet – je nach Entfernung – zwischen 20 und 60 Baht. Längere Strecken legt man mit dem Moto Sai eher nicht zurück.

Wer mit dem eigenen Helm kommt, erntet ein nervöses Lächeln. Für den Fahrer ist das ein Misstrauensbeweis und schlecht fürs Karma. Thailänderinnen sitzen meist im Damensitz – oft genug mit Handy am Ohr oder Schminkspiegel in der Hand.

Nach einer Studie der Handelskammer verdienen die Fahrer im Durchschnitt etwa 1000 Baht (knapp 30 Euro) pro Tag. Dafür sind Bangkoks Easy Rider oft auch zwölf Stunden unterwegs. Kasem sagt: »Ich fahre 26, 27 Tage im Monat. Ich mache nur sonntags frei. Aber dafür bin ich unabhängig. Wenn ich keine Lust mehr habe, höre ich auf. Alles in allem ist der Job nicht schlecht.« Das ist allerdings nur die halbe Wahrheit. Immer wieder gibt es tödliche Unfälle. Auch die vielen Kratzer zeugen davon, wie gefährlich die Fahrt mit dem Moto Sai sein kann.

Lumphini

50

Muskelmänner

TIPP

IM LUMPHINI-PARK FINDEN IM JANUAR UND FEBRUAR KLASSISCHE KONZERTE STATT. EINER DER HÖHEPUNKTE: DER RADETZKY-MARSCH. WWW.BANGKOKSYMPHONY.ORG

Morgens um sechs, wenn die Nacht im Suan Lumphini gerade vorbei ist, kommen die Leute, die die Sache ernst nehmen. Dann packen sie noch ein zusätzliches Kilo Gewicht auf die alten Geräte, machen ein paar Klimmzüge mehr und stöhnen laut. Die Muskelmänner vom Lumpini-Park, die immer unter freiem Himmel trainieren.

Frühmorgens lässt es sich in Bangkoks größtem Stadtpark am besten aushalten. Mit den Bodybuildern kommen die Jogger, die Radsportler und die Thai-Chinesen, die hier Tai Chi praktizieren. Schlag acht ist es mit jeder Form von Sport vorbei. Dann erklingt die *Pleng Chat Thai*: Thailands Nationalhymne, ein schmissiger

Marsch, komponiert 1931 von Piti Wathayakon, der eigentlich Peter Veit hieß und Sohn eines Auswanderers aus Trier war. Für eine Minute muss dann jeder innehalten, Ausländer ebenfalls. Das gilt sogar für Wettbewerbe. Wenn im Park gerade wieder einmal ein 10-Kilometer-Lauf stattfindet – vier Runden –, sind die Läufer gezwungen, zu pausieren. Die Minute wird von der Endzeit abgezogen.
Mit der Hymne wechselt das Bild. Die Ehrgeizlinge sind nun weg. Die Mucki-Maschinen werden von Rentnern übernommen. Älteren Herren, die lieber ein Schwätzchen halten, als es mit dem Sport zu übertreiben. »Ich komme seit fünf Jahren hierher«, sagt Singha Tanchareonkit, ein ehemaliger Lehrer. »Meine Frau glaubt, dass ich was für meinen Rücken mache. Habe ich früher auch. Aber die Zeiten sind vorbei.«
Der Lumphini-Park wurde auf Anweisung von König Vajiravudh (Rama VI.) angelegt. Am Südwesteingang erinnert ein Denkmal an ihn. Vorbild waren die großen Stadtparks in Europa. Der Name geht auf Buddhas Geburtsort in Nepal zurück. 1925 war Eröffnung. Zum 100-jährigen Bestehen soll der Park mit seinen 560 000 Quadratmetern eine Grunderneuerung bekommen.
Man muss dort nicht unbedingt Sport treiben. Auf einem künst-

lichen Teich lässt sich für wenig Geld in Schwanen-Booten eine Runde drehen, was aber kaum noch jemand tut. Mehr gefragt sind die »Concerts in The Park«, die das Bangkoker Sinfonieorchester von Zeit zu Zeit im Palmengarten gibt. Die Zuschauer sitzen und liegen dabei auf der Wiese.

Zur Mittagszeit, wenn die Sonne am heißesten brennt, ist vernünftigerweise kaum jemand hier. Dann ist der Park den Waranen überlassen: bis zu drei Meter langen Echsen. Davon gibt es hier mitten in der Stadt mehr als hundert. Sehen gefährlich aus, tun aber nichts.

Abends um sechs erklingt wieder die Nationalhymne. Wie zehn Stunden zuvor steht alles still. Danach beginnt im Suan Lumphini wieder die Zeit der Jogger, der Radfahrer und der Muskelmänner.

51

Good Mooooorning, Thailand

54 SOI NGAM DUPHLI, RAMA 4 ROAD, SATHORN, TEL. +66 2679 7127, MRT-STATION LUMPINI. WWW.MALAYSIAHOTELBKK.COM/

TIPP

VON DEN BARS DER DAMALIGEN JAHRE SIND NICHT MEHR VIELE ÜBRIG. EINE AUSNAHME IST DAS 1969 ERÖFFNETE »MADRID« IM AMÜSIERVIERTEL PATPONG. 78/3, 1 SURIYA WONG, BANG RAK, TEL. +66 2234 6905.

Mit mehr als 22 Millionen Touristen ist Bangkok heute die meistbesuchte Stadt der Welt. Das hätte sich vor einer Weile niemand vorstellen können.

Mitte der 1960er Jahre gab es neben Traditionshäusern wie dem »Oriental« nur eine sehr überschaubare Zahl an Hotels. Und kaum welche, wo auch Ausländer mit kleinerem Geldbeutel hätten absteigen können.

Das änderte sich mit dem Krieg in Vietnam. Er brachte amerikanische Soldaten in die Stadt, Dollars und Drogen. Und dutzendweise neue Hotels. Die meisten sind inzwischen wieder verschwunden. Ein paar gibt es allerdings noch. Wie das »Florida«, das »Miami«, das »Reno«

oder eben das »Malaysia«. Ein Betonblock, wie er damals modern war, mit sechs Stockwerken und 120 Zimmern.

Mit Thailands Nachbarland im Süden hat der Name nichts zu tun. Die Eigentümerfamilie, Einwanderer aus China, heute in der dritten Generation, heißt Ma. Also suchten sie einen Namen mit »Ma«, den sich auch Ausländer merken konnten. Es wurde Malaysia.

Unter den GIs wurde das 1967 eröffnete Haus schnell populär. Ganz in der Nähe sind Lumphini-Park, amerikanische Botschaft und vor allem das Rotlichtviertel Patpong, das damals erheblich mehr Charme gehabt haben muss als heute.

»Ich weiß bis heute noch genau, was die für coole Uniformen trugen. Hier war ein ständiges Kommen und Gehen«, erinnert sich Wilai Kapoon, eine der ältesten Angestellten. Das Zimmer kostete 120 Baht pro Nacht. Als der Krieg zu Ende war, nur noch die Hälfte.

Es folgten die ersten Rucksacktouristen. Der Legende nach stiegen auch die Gründer der *Lonely Planet*-Reiseführer für ihr erstes Bangkok-Buch im »Malaysia« ab. 1983 schrieb die französische Punkband La Souris Déglinguée (Abkürzung: LSD) den Song *Malaysia Hotel*. Eine Minute nur, in der überwiegend von Zigaretten, Marihuana und Sex die Rede ist. Dann kam Hollywood. Im zweiten Stock bauten sich die Filmleute einige Zimmer so zurecht, dass sie aussahen wie ein Studio des Soldatensenders AFN während der Kriegsjahre in Saigon. Hier röhrte Robin Williams wieder und wieder sein berühmtes »Good Mooooorning, Vietnam« ins Mikrofon.

Die Dreharbeiten für den gleichnamigen Film dauerten einen ganzen Monat. Übernachtet hat Williams im »Malaysia« nie.

Heute, nach mehreren Renovierungen, steigen neben den Touristen auch Geschäftsleute ab. Und immer wieder kommen Vietnam-Veteranen zurück. Sie haben gute Geschichten zu erzählen.

52

Kunst der Massage

DIVANA: 16/15 SOI SOMKID, LUMPHINI, PATHUM WAN, TEL. +66 6347 46566, WWW.DIVANASPA.COM; BODY TUNE: 18/2-3 SOI SUKHUMVIT 39, KHLONG TAN NUEA, TEL. +66 2662 7778, WWW.BODYTUNE.CO.TH; HEALTH LAND: 55/5 ASOK MONTRI RD, KHLONG TOEI NUEA, TEL. +66 2261 1110, WWW.HEALTHLANDSPA.COM (ALLE AUCH ANDERE FILIALEN)

TIPP

MAN KANN SICH AUCH IN THAI-MASSAGE UNTERRICHTEN LASSEN, ZUM BEISPIEL IN DER WAT PHO THAI MASSAGE SCHOOL AM TEMPEL WAT PHO. 392/25-28 SOI PEN PHAT 1, MAHARAJ ROAD, PRA NAKHON, TEL. +66 2622 3533.

Was Thai-Massagen betrifft, gibt es zwei Grundrichtungen: angezogen oder nicht. Hier soll nur von Nuad Paen Boran die Rede sein, der klassischen »Massage nach alter Art«, also Variante eins. Wiewohl auch die zweite Form bereits seit längerer Zeit betrieben wird.

Bei Nuad Paen Boran also behält der Gast seine Unterwäsche an. Oder, besser noch, wechselt vor Beginn in eine frische Hose und ein frisches Oberteil, eine Art Pyjama. Die stellt üblicherweise der Massagesalon. Bevor es auf die Liege geht, werden die Füße gewaschen. In richtig guten Häusern bekommt der Gast noch ein kleines Tuch auf die Augen.

Die Massage selbst dauert eine

oder zwei Stunden. Besser sind zwei. Es kann anstrengend sein. Und auch etwas schmerzhaft.
Der Ursprung der Thai-Massage reicht zweieinhalb Jahrtausende zurück, bis zu Shiuago Komparaj, einem Wegbegleiter Buddhas. Grundgedanke ist, entlang von zehn Energielinien im Körper die Muskulatur zu lockern.
Das geschieht durch Dehnübungen und sanften Druck. Mit Daumen und Händen, mit Ellenbogen und Knien. Es kann auch sein, dass plötzlich jemand mit beiden Füßen auf Ihrem Rücken steht und sich sachte hin und her bewegt.
In Thailand geriet Nuad Paen Boran zwischenzeitlich etwas in Vergessenheit. Durch das westliche Interesse hat sich das geändert. Jetzt kann man wieder beobachten, wie ältere Herren auf dem Bürgersteig eine Liegematte ausbreiten und zusammen ihre Übungen machen. Erst knetet der eine, dann der andere. Mütter massieren ihre kleinen Kinder, Teenager die Großeltern, Motortaxi-Fahrer die Kollegen.
Massagen für Touristen sind in Bangkok zum großen Geschäft geworden. Es gibt tausende Praxen. Die Qualität hängt nicht unbedingt von Preis oder Erscheinungsbild ab. Manch ausgezeichneter Salon kostet nicht viel und macht von außen noch weniger her. Am besten lässt man es auf den Versuch ankommen.
Für Leute mit wenig Zeit empfehlen sich die Hotels oder Firmen mit verschiedenen Filialen. Wie zum Beispiel das viel gelobte, etwas teurere »Divana«. Es hat seinen Stammsitz in einem Altbau mit Tropengarten und vier weitere Häuser dazu. Oder die beiden Ketten »Body Tune« und »Health Land«, die beide etwas geschäftsmäßiger ausgestattet sind.
Es gibt in Bangkok aber auch ungewöhnlichere Orte, um an eine Massage zu kommen. Auf Herrentoiletten kann es durchaus passieren, dass man ein heißes Handtuch auf die Schulter gelegt bekommt und das Angebot zur Massage dazu. Kann man machen, ist ohne jegliche Hintergedanken. Nuad Paen Boran, die klassische Art. Nicht die andere.

53

Institut der Schlangen

THAI RED CROSS INSTITUTE, AN DER KREUZUNG VON THANON RAMA IV UND THANON HENRY DUNANT, TEL. +66 2252 0161. MO-FR 9.30-15.30 UHR; WOCHENENDE UND FEIERTAG: 9.30-13 UHR.

TIPP

EINMAL PRO TAG WERDEN DIE SCHLANGEN IN EINER VORFÜHRUNG GEZEIGT - UNTER DER WOCHE UM 14.30 UHR, AN WOCHENENDEN UM 11 UHR. WER SICH TRAUT, KANN SICH ZUM SCHLUSS EINEN PYTHON UM DEN HALS LEGEN LASSEN.

Wer ein paar Jahre in Bangkok lebt, hat auch eine Schlangengeschichte parat.

Zum Glück sind die meisten weniger dramatisch als die von Panarat Chaiyapoon. Die Thailänderin wurde von einer Python in den Hintern gebissen, als sie im Erdgeschoss auf Toilette saß. Im Krankenhaus zählten die Ärzte Abdrücke von acht Schlangenzähnen, bis zu anderthalb Zentimetern tief.

So etwas kommt glücklicherweise selten vor. Aber eine Schlange vor dem Haus oder im Pool? Nichts Besonderes. Wie bei dem Besuch aus Berlin, der nicht glauben wollte, dass es sich bei dem dünnen grünen Ding im Baum keinesfalls um eine Gum-

mischlange handelt, sondern um eine echte Viper. Bei der ersten Bewegung war der Schreck umso größer.

Bangkoks Feuerwehr hat mehr mit Schlangen zu tun als mit Bränden. Im Durchschnitt der letzten Jahre musste sie mehr als 35 000-mal ausrücken, um solches Getier einzusammeln: kleines, großes, harmloses, gefährliches. Ihr bester Schlangenfänger Pinyo Pukpinyo hat im Lauf von anderthalb Jahrzehnten mehr als 10 000 geschnappt, die meisten mit bloßen Händen.

Dass es in Bangkok Schlangen gibt, ist eigentlich selbstverständlich. Die Stadt ist auf Wasser, Sand und Lehm gebaut. Bis heute durchziehen sie Kanäle. Zudem gibt es unzählige unbebaute Grundstücke – für Schlangen ein Paradies. Auch das chronische Abfallproblem hat Schuld: Der Müll lockt Mäuse, Ratten und Vögel an. Um die wiederum kümmern sich die Schlangen.

Von den mehr als 200 Arten, die in Thailand zu Hause sind, kommt etwa die Hälfte in der Hauptstadt vor. Pythons gibt es auch im Zentrum – nicht nur am Wat Arun, wo sich Touristen die Tiere gegen Geld um den Hals legen lassen können. Dass man Türen geschlossen hält, gehört deshalb zu den Selbstverständlichkeiten.

Im Medizinischen Institut des Thailändischen Roten Kreuzes

lässt sich das Ganze aus wissenschaftlicher Sicht betrachten. Auf dem Gelände befindet sich Asiens älteste Schlangenfarm, gegründet 1923. In den Schaukästen dämmern riesige Boas vor sich hin, die Menschen erwürgen können, Giftschlangen wie Kobras oder die besonders gefährlichen Kraits.

Manchmal kann man zusehen, wie Giftschlangen »gemolken« werden. Mit ihrem Gift werden Gegenmittel hergestellt. Dazu lässt man die Tiere in ein Glas beißen, über das eine Plastikfolie gespannt ist. Ein paar Tröpfchen nur, aber die können Leben retten.

Außerhalb

54

Laut und bunt

TUK-TUK-FABRIK KHUN CHETT TAIKRATOKE, 183/118 MOO. 8 SUKHAPIBAN 1, BANGKAE, TEL: +66 2803 4209.

Das Tuk-Tuk ist Thailands Nationalgefährt. Eine motorisierte Rikscha auf drei Rädern, in Chrom und buntesten Farben. Macht was her. Nur: Das Tuk-Tuk vereint die Nachteile eines Autos mit allen Nachteilen eines Mopeds. Die Vorteile hat sie von keinem der beiden.

Mit den Maßen eines Durchschnittseuropäers sitzt man dermaßen gequetscht unterm Dach, dass man von draußen kaum etwas mitbekommt. Schutz gegen Hitze, Dreck, andere Verkehrsteilnehmer: Fehlanzeige. Dann wiederum sind die Dinger aber auch eher langsam und zu breit, um sich im Stau durchschlängeln zu können.

Weiteres Minus: Das Tuk-Tuk

TIPP

DAS UNTERNEHMEN »BANGKOK TUK TUK TOUR« BIETET AUCH MEHRSTÜNDIGE FAHRTEN AN. 1026/240 LUMPINI PARK VIEW, RAMA 4 RD., SATHORN, TEL: +66 8279 91 099. WWW.BANGKOKTUKTUKTOUR.COM

hat keinen Taxameter. Der Preis muss verhandelt werden. Garantie dafür, stets mehr zu bezahlen als im Taxi, das bequemer wäre und sicherer auch.
Trotzdem gehört die Fahrt mit dem Krachmacher unbedingt dazu. Und: Es macht tatsächlich Spaß, zumindest beim ersten Mal. Zu zweit, in der Dunkelheit, kann es sogar romantisch sein. Vorausgesetzt, man kann den Fahrer überzeugen, Lichtorgel und Stereoanlage auszuschalten.
Die Tuk-Tuks wurden häufiger schon totgesagt. Der Vorsitzende der eigenen Gilde, Sompong Chunharassanee, prophezeite: »Aus Tokio sind die Tuk-Tuks schon lange verschwunden. Das wird hier auch passieren.« Von wegen. Heute sind noch mehr als 7500 unterwegs. Selbst Thais fahren damit – zu Preisen, die deutlich unter denen liegen, die Touristen bezahlen.
Hergestellt werden die Tuk-Tuks in einem halben Dutzend Fabriken, verteilt über die Stadt. In einer davon, bei einem Herrn namens Khun Chett, weit draußen im Vorort Bang Kae, könnte man sich sogar eines kaufen. Die Standardausführung des Bangkoker Modells SPG3 ist binnen sieben Tagen fertig. Der Preis: etwas mehr als 5000 Euro.
Khun Chett liefert auch ins Ausland. Fragt sich, was der TÜV sagen würde.

55

Essen mit Eisbären

460/8 SIRINDHORN RD, BANG PHLAT, BANG PHLAT, TEL. +66 81817 2888. ANFAHRT AM BESTEN MIT DEM TAXI.

TIPP

AUF DEM GELÄNDE GIBT ES NOCH ANDERE RESTAURANTS UND ESSENSSTÄNDE, DIE DEUTLICH BILLIGER SIND – ZUM BEISPIEL DAS INSEKTENRESTAURANT »INSECTS IN THE BACKYARD«.

Die ersten Minuten sind wie im Traum. Tropische Hitze. Ein ausrangiertes Passagierflugzeug am Rand der Stadtautobahn. Die Flügel ragen in den Abendhimmel. Unten wartet eine lächelnde Asiatin. Ein altersschwacher Aufzug ruckelt nach oben.

Als sich die Tür öffnet, erkennt man in der Dunkelheit erst einmal: gar nichts. Dann einen riesigen Eisbären mit seinem Jungen. Ausgestopft.

Willkommen in Chang Chui. Willkommen in der Welt von Somchai Songwattana. Der Mann hat mit Mode ein Vermögen gemacht. Einen Teil des Geldes hat er dazu benutzt, um auf einem Gelände draußen vor der Stadt eine wilde Mischung

aus Galerien, Nachtmarkt und Vergnügungspark zusammenzustellen. Er selbst nennt es »Creative Mall«.

Mittelpunkt ist eine ausrangierte Lockheed TriStar, die Somchai vom nahe gelegenen Flughafen Don Mueang bringen ließ. Zwischenzeitlich war geplant, daraus ein Museum zu machen. Jetzt ist es ein Restaurant. Der Name: Na-Oh. Eine Art Arche Noah. Außer den beiden Eisbären stehen im Flugzeug zwei Dutzend andere ausgestopfte Zootiere herum.

»Mein Ziel ist es, Thailands junge Generation daran zu erinnern, wie wichtig es ist zu wissen, wo wir herkommen. Und daran, dass ausgemusterte Dinge neue Schönheit bekommen können.«

Somchai stammt aus einer chinesischen Familie. Sein Elternhaus ist in der Nähe. »Ich habe 30 Jahre meines Lebens damit verbracht, Kunst zu sammeln«, erzählt er. »Das hat bei meinen Kollektionen geholfen. Aber es ist auch ein Weg, meine Kindheit in Erinnerung zu rufen.«

Chang Chui lässt sich mit »Handwerk ohne Sorgen« übersetzen. Oder mit: »Nichts ist ohne Wert«. Das trifft die Sache durchaus. Im Flugzeug kommt einem diese Erkenntnis, wenn man nach fünf Gängen und einer Lightshow zu Carl Orffs *Carmina Burana* die Kreditkarte abgeben darf. Lohnt sich aber.

56

Grüne Insel

Wie in anderen Großstädten sehnen sich auch in Bangkok viele nach einem Leben auf dem Land. Keinesfalls für immer, dafür hängen sie zu sehr am Leben hier. Aber für ein paar Tage, Wochen oder Monate – warum nicht?
Das erklärt, warum die Stadt zur Ferienzeit und an langen Wochenenden einigermaßen zur Ruhe kommt. Viele verabschieden sich dann zu Freunden oder zur Familie in der Provinz.
Wem die Zeit nicht reicht, der kann nach Bang Krachao. Das ist Bangkoks grüne Lunge, eine Halbinsel auf der anderen Seite des Chao Phraya, praktisch eingeschlossen vom mäandernden Fluss. Die Überfahrt mit

TIPP

AM BESTEN KOMMT MAN MIT EINER KLEINEN FÄHRE NACH BANG KRACHAO, ÜBER EINEN ABLEGER IM HAFEN VON KHLONG TOEY. MAN KANN AUCH RÄDER MITNEHMEN.

dem Boot dauert keine drei Minuten. Am Anleger gibt es für wenig Geld Fahrräder zu mieten.

Bang Krachao ist tatsächlich eine Oase der Ruhe. 16 Quadratkilometer, große Teile davon dichter Dschungel und Plantagen mit Mangos, Papayas und Bananen. Ein Labyrinth aus kleinen Straßen, oft sogar nur schmale Stege aus Beton. Das Radeln kann eine recht wackelige Angelegenheit werden.

Alles in allem wohnen hier keine 30 000 Menschen. Es gibt ein Dorf namens Bang Ko Bua, wo die meisten Häuser auf Stelzen gebaut sind, ein paar kleinere Tempel und einen Wochenendmarkt namens Bang Nam Thueng, der sich einen Kanal entlangschlängelt.

Und ein Museum: die »Siamese Fighting Fish Gallery«. Man muss sich das nicht allzu gefährlich vorstellen. Das Museum besteht aus ein paar Gläsern, in denen verschiedene Exemplare von Siamesischen Kampffischen (*Betta splendens*) ihre Runden ziehen – strikt getrennt, damit sie nicht aufeinander losgehen. Die Fische können sehr aggressiv sein.

Auf Bang Krachao sind die Thais normalerweise unter sich. Zu den wenigen Ausländern, die hier wohnen, gehört der französische Landschaftsarchitekt Goustan Bodin. Er sagt: »Hier bekommt man eine Idee davon, wie Bangkok früher war. Mit Tieren und Pflanzen, die es in der Stadt nicht mehr gibt. Die Luft ist besser, und kühler ist es auch.«

Allerdings haben den Charme inzwischen zu viele entdeckt. Reiche Thais bauen neuerdings hier ihre Wochenendhäuser. Manche ziehen ganz hierhin. Die Grundstückspreise haben kräftig angezogen.

Bislang stand nur ein Zehntel der Fläche, das im Besitz der Königsfamilie ist, unter Schutz. Jetzt ist zumindest der Bau von Einkaufszentren und Golfplätzen verboten. Neue Häuser müssen niedriger als neun Meter sein.

Trotzdem fürchten die Leute von Bang Krachao, dass es mit ihrem Idyll zu Ende geht. Bodin warnt: »Wir brauchen dringend Schutz. Ansonsten wird es in zehn bis 15 Jahren hier kein Grün mehr geben – außer auf dem Land, das der Krone gehört.«

57

Friedhof der Ausländer

2110, CHAROEN KRUNG RD,
SOI 72/5, PHRAYA KRAI, KHO LAEM,
TEL. +66 6338 93 999.

TIPP

NACH SCHÄTZUNGEN LEBEN HEUTE MEHR ALS 400 000 WESTLICHE AUSLÄNDER IN BANGKOK, SOGENANNTE FARANGS. FÜR DEUTSCHSPRACHIGE GIBT ES SOWOHL EINE KATHOLISCHE ALS AUCH EINE EVANGELISCHE GEMEINDE.

Vielleicht kannten sich die drei Männer sogar: der deutsche Kapitän Hans Andresen (geboren 26. August 1844 zu Sönnebüll/Schleswig, gestorben 17. Oktober 1896 zu Bangkok), der Däne Waldemar Saxtorph, gleichfalls Kapitän (born in Denmark 12th of June 1830, died 30th of July 1890 in Bangkok), und der kanadische Missionar Charles MacLaren (Born in P. E.Island, Canada, December 17th 1854, Died in Bangkok March 14th 1893).

So unwahrscheinlich ist das nicht. Zu ihren Lebzeiten war Bangkok zwar schon Hauptstadt des Königreichs Siam, aber längst nicht die Mega-City von heute. Nur ein paar hundert Ausländer lebten dort. Gut möglich

also, dass sich die Herren Andresen, Saxtorph und MacLaren zu Lebzeiten begegneten.

Nach dem Tod hat sie das Schicksal jedenfalls zusammengeführt: Heute liegen sie in wenigen Metern Abstand auf dem einzigen Protestantischen Friedhof der Stadt. Zusammen mit 1800 anderen Ausländern und ein paar Thais, die sich für das Christentum entschieden.

Der Susan Farang, der Friedhof der Ausländer, hat seinen Platz an einer Schleife des Chao Phraya, zwischen ein paar heruntergekommenen Lagerhallen und Fabrikgebäuden. Ein Weg aus Beton führt hinunter zum Fluss. Am Ende steht eine Kapelle. Über die Gräber ragen – selten genug für einen christlichen Friedhof – Palmen und Frangipani-Bäume.

Wenn Regenzeit ist, stehen viele Gräber unter Wasser. Auf den ersten Blick sieht der Friedhof dann aus wie ein Reisfeld. Den Rest des Jahres ist er der Sonne ausgesetzt. Das Gras ist dann völlig verdörrt. Abgesehen davon, dass die meisten Toten in Bangkok keine Hinterbliebenen mehr haben, wären Blumen auch sonst vergebliche Müh.

Gegründet wurde der Friedhof 1853. Das war die Zeit, als von den christlichen Ausländern nach und nach welche blieben. König Mongkut (Rama IV.) stellte der kleinen Gemeinde das Stück Land zur Verfügung.

Sein Nachfolger König Chulalongkorn (Rama V.) modernisierte das Land. Er reiste viel und holte Geschäftsleute, Ingenieure und Wissenschaftler aus dem Ausland, vorzugsweise aus Ländern, die keine großen kolonialen Interessen hatten wie Deutschland oder die skandinavischen Staaten. Manche der Einwanderer blieben für immer. Sie liegen hier begraben.

Gleich auf den ersten Metern findet sich auch eine Reihe Gräber mit hebräischen Inschriften und Davidstern. Sie stammen aus der Zeit vor 1997, als die jüdische Gemeinde in Bangkok noch kein eigenes Land hatte, um ihre Toten zu beerdigen. Inzwischen gibt es einen eigenen Jüdischen Friedhof. Das Tor ist gleich links vor dem Eingang des Protestantischen Friedhofs. Leider ist es meist mit einem Schloss versperrt.

58

Beckhams Tempel

734 RAMA III RD, BANG PHONG PHANG, YAN NAWA, TEL. +66 2294 7711. DER WAT PARIWAT IST AM BESTEN MIT DEM TAXI ZU ERREICHEN. BTS-STATION: CHONG NONSI. VON DORT FÄHRT EIN BUS.

TIPP

DER WAT PARIWAT IST TROTZ ALLEM EIN BUDDHISTISCHER TEMPEL. DAS HEISST: DIE SCHUHE MÜSSEN AUSGEZOGEN WERDEN, DIE KLEIDUNG SOLLTE ANGEMESSEN SEIN.

Mehr als 400 Tempel gibt es in Bangkok. Das sind, so viel Ehrlichkeit muss sein, für Normalsterbliche zu viel. Irgendwann geben selbst die beflissensten Besucher auf. Es ähnelt sich alles irgendwann dann doch.

Der Wat Pariwat, tief unten im Süden der Stadt, nur ein paar Meter vom Fluss entfernt, ist anders. Touristen finden selten hierher. Dafür lassen sich zwischen den üblichen Buddha-Figuren Popeye, Batman und Micky Maus entdecken. Und Albert Einstein, Barack Obama und David Beckham.

Die Thais nennen den Wat Pariwat deshalb auch den »Disney«- oder »Beckham«-Tempel. Nirgendwo sonst gibt es eine solch

krude Mischung aus Buddhismus und Pop-Art. Und auch keinen Wat, der Kindern so viel Spaß macht.
Früher war das ein Tempel wie viele andere. Die Anlage stammt aus dem 18. Jahrhundert. Zuletzt lag sie in Ruinen. Vor ein paar Jahren begann der Wiederaufbau, unter Beteiligung des thailändischen Künstlers Surin Panumat. Die Idee: zeigen, dass der Buddhismus eine Religion für alle ist, egal welcher Herkunft. Also lassen die Mönche andere Kulturen zu und die Moderne auch. So kommt es, dass Batman nun an einem Gebäude außen die Wand hochklettert, Superman einen Fries stützt und eine ebenfalls ziemlich muskelbepackte Micky Maus gleich am Eingang den linken Daumen in die Höhe reckt. Bei etwas genauerem Hinschauen lassen sich auch Dobby finden, der Hauselfe aus *Harry Potter*, Pu der Bär und verschiedene Pokémon-Gestalten. Ferner gibt es Albert Einstein (mit noch braunen Haaren), einen sehr jugendlichen Barack Obama, der mit freiem Oberkörper ein Selfie macht – und David Beckham.
Das Abbild des englischen Fußballstars ist allerdings in einem anderen Gebäude, einer Art Säulenhalle, die die meiste Zeit verschlossen ist. Wer freundlich fragt, kann sie sich von einem der Mönche aufschließen lassen. Mit dem Aufzug geht es in den ersten Stock. Der goldene Beckham findet sich am Fuß eines riesigen Buddha-Schreins, rechts hinten in der Ecke. Es ist ein Jugendbild, mit Mittelscheitel und noch ohne Tattoos, aus der Zeit, als Beckham für Manchester United spielte. Der damalige Abt war ein großer Fan von ManU. Er rechtfertigte sich damit, dass Fußball irgendwie ja auch eine Religion sei.

59

Friedhof der Flugzeuge

AIRPLANE GRAVEYARD, RAMKHAMHAENG ALLEY 103, HUA MAK, BANG KAPI. ANREISE AM BESTEN MIT DEM KANALBOOT ODER MIT DEM TAXI.

TIPP

DER FRIEDHOF DER FLUGZEUGE IST EIN GUTER AUSGANGSPUNKT FÜR EINE DREIVIERTELSTÜNDIGE FAHRT AUF DEM KANAL BIS IN DIE NÄHE DES GOLDENEN BERGS.

Der Orient Thai Airlines war keine lange Lebenszeit beschieden. Kein Vierteljahrhundert hatte die Fluggesellschaft Bestand, bis sie 2018 endgültig das Zeitliche segnete. Auch die Tatsache, dass ihre Maschinen mit königlichem Wappen fliegen durften, half nichts.

In Erinnerung wird Orient Thai durch einen der schlimmsten Abstürze in Thailands Luftfahrtgeschichte bleiben. Beim Anflug auf die Insel Phuket verunglückte 2007 eine Maschine ihrer Inlandstochter One-Two-Go mit 130 Menschen an Bord, 90 starben. Die Ermittlungen ergaben, dass die Piloten systematisch Überstunden geflogen waren und auch sonst einiges nicht

in Ordnung war. Davon hat sich Orient Thai nie mehr erholt.

Übriggeblieben ist: ein Friedhof der Flugzeuge.

Auf einer Brache im Vorort Hua Mak, zwischen der viel befahrenen Straße Ramkamhaeng, einem Kanal und drei Hochhäusern, stehen die Wracks zweier Boeing 747 und zweier McDonnell Douglas MD-82. Mit jedem Besuch ist ein bisschen weniger von den Maschinen übrig. Alles, was noch einigermaßen Wert hat, verschwindet.

Die beiden MD-82 stammen aus dem Bestand von Orient Thai. Bei den Boeings weiß das keiner mehr genau. Beschriftung oder Hoheitszeichen gibt es nicht mehr, nur ein paar Graffiti. Die Nachbarn können sich nicht mehr daran erinnern, wie die Flugzeuge überhaupt dorthinkamen.

Das Gelände gehört einem Thai, der mit dem Ausschlachten der Maschinen wohl gutes Geld verdiente. Inzwischen ist nichts mehr zu holen. Jetzt machen einige Familien mit Touristen ihr Geschäft.

Der Eingang ist mit Hängeschloss versperrt. Auf Zuruf kommen Kinder aus einem Flugzeugrumpf. Für 200 bis 400 Baht – eine Frage des Verhandlungsgeschicks – darf man eine Stunde lang in den Wracks herumklettern. Eine Flasche kaltes Wasser gibt es dazu. Die Sache kann anstrengend werden.

Am besten ist einer der Jumbos erhalten. Über einen Schacht geht es die Leiter hoch in die Economy Class – oder vielmehr das, was davon übrig geblieben ist. Fenster, Sitze, Gurte sind weg. Eine Treppe höher lassen sich die Trümmer der Business Class besichtigen und das Cockpit.

Wer will, kann das in den anderen Maschinen wiederholen. Wer genug hat, kommt am schnellsten über den Kanal Khlong Saen Saep zurück in die Stadt. Einer der Jungs vom Gelände bringt einen mit dem Moped dorthin. Für 10 Baht oder einfach auch so.

60

Sachensammler

SOI LAT PHRAO 55/2, WANG THONG LAMG,
TEL: +66 2539 8220.

TIPP

TONG LÄSST DURCHAUS MIT SICH HANDELN. GERN ERZÄHLT ER AUCH, WIE GUT ES IHM IN HEIDELBERG GEFALLEN HAT UND ANDERSWO IN DEUTSCHLAND.

Ein gelbes Postfahrrad mit Vorne-Gepäckträger, mit dem einst ein Briefträger in Frankreich unterwegs war? Eine OP-Lampe mit chinesischen Schriftzeichen? Die Kasse eines holländischen Friseurs aus den 1930er Jahren, mit Gulden noch?
In Bangkok gibt es das alles. Und viele tausend Dinge mehr aus den verschiedensten Regionen der Welt. Draußen im Vorort Lat Phrao.
Supoj Siripornlertkul (kurz: Tong) betreibt hier in einer riesigen Halle das »Papaya«. Es ist eines dieser Geschäfte, bei denen man nie weiß, wie man sie nennen soll. Warenlager? Flohmarkt? Antiquitätengeschäft? Oder gar Museum?

Das »Papaya« ist jedenfalls ein Ort für Leute, denen der Flohmarkt von Chatuchak zu massenkompatibel geworden ist. Hier kaufen Filmausstatter ihre Deko. Oder Modefotografen. Es gibt auch ein Studio, um Aufnahmen zu machen.

So schwer es ist, für den Laden die richtige Bezeichnung zu finden, so einfach ist es beim Besitzer: Tong ist Sachensammler. Einer, der nie genug bekommen kann.

Wie viele Stücke er mittlerweile auf Lager hat? »Keine Ahnung.« Was nicht bedeutet, dass er nicht zu jedem Stück einen Preis aufrufen kann. Billig ist das »Papaya« nicht.

»Die meisten Leute sagen über mich: ›Dieser Kerl muss dumm und verrückt sein.‹ Weil ich so viele Dinge habe und kein Geld.« Angeblich hat Tong noch nie Gewinn gemacht. Muss man nicht glauben.

Obwohl es im ersten Moment überhaupt nicht den Anschein hat, herrscht Ordnung. Es gibt zum Beispiel eine Ecke für alte Vespas, eine eigene Abteilung für übergroße Comicfiguren wie »Captain America« und ganze Regalreihen für antike Küchenutensilien.

Tong sitzt meistens am Eingang an der Kasse. Ein Mann im Rentenalter, der immer noch Zopf trägt und stets eine Zigarette zwischen den Fingern hat. Mehrfach hat er sich mit dem Gedanken getragen, das »Papaya« dichtzumachen. »Inzwischen läuft ein Großteil meines Geschäfts über das Internet. Die Hallen hier sind zu klein für mich.« Falls er umzieht, dann noch weiter raus aus der Stadt.

Aber was dann? Tong redet gern mit den Leuten, die zu ihm kommen. »Die meisten sind inzwischen Chinesen, mit viel Geld«, sagt er. An einen Chinesen hat er kürzlich sein teuerstes Bild verkauft, für zehn Millionen Baht. Kunst macht er auch.

»Mit Europäern habe ich aber lieber zu tun«, sagt er. »Die wissen die Sachen besser zu schätzen.«

Manchmal kommen dann die merkwürdigsten Geschäfte zustande. Das Postfahrrad zum Beispiel kam von einem Flohmarkt an der belgischen Grenze. Jetzt radelt damit ein französischer Geschäftsmann durch Bangkok.

61

Abschied von Thai-Food

1FL. SUVARNABHUMI INTERNATIONAL AIRPORT 10 250 UP, NONG PRUE, BANG PHLI, SAMUT PRAKAN.

TIPP

THAILAND LEISTET SICH AN SEINEN INTERNATIONALEN FLUGHÄFEN IMMER NOCH EIN ARG BÜROKRATISCHES EMPFANGSSYSTEM. DIE SCHLANGEN AN DER IMMIGRATION KÖNNEN SEHR LANG WERDEN. BESSER MEHR ZEIT EINPLANEN.

Möglicherweise hat es doch geholfen, dass, bevor Bangkoks Flughafen Suvarnabhumi (BKK) in Betrieb ging, 99 buddhistische Mönche neun Wochen lang sangen und beteten. Die Vermutung, dass auf dem Großprojekt ein böser Fluch liege, weil auf dem Gelände früher ein Friedhof war, hat sich nicht bewahrheitet – zumindest bislang.
Als kurz vor Eröffnung noch ein Gepäckabfertiger auftauchte und behauptete, der Geist des einstigen Friedhofswärters zu sein, besprengten die Mönche den jungen Mann mit geheiligtem Wasser. So macht man das hier, um die Geister gütig zu stimmen. Offensichtlich gelang das auch.

Mit mehr als 60 Millionen Passagieren pro Jahr ist Suvarnabhumi (zu deutsch: »Goldenes Land«) heute eines der größten Drehkreuze der Welt. Eine gigantische Abfertigungsmaschine wie die anderen Mega-Airports auch, mit dem üblichen Kommerz an Duty-free-Shops und überteuerten Restaurants.

Doch es ist auch einiges anders. So sind am BKK kleine Geisterhäuser zu finden, mit viel Schnickschnack davor: Blumen, Buddhas, Tierfiguren, Tellern mit Reis und sehr gern auch Flaschen mit roter Fanta.

Viele sagen, dass die rote Farbe Blut symbolisieren soll. Das ist umstritten. Vielleicht mögen es die Geister auch einfach nur süß. Jedenfalls vergessen die Thais nie, in die Flasche einen Strohhalm zu stecken.

Auch eine andere Besonderheit von Suvarnabhumi hat mit Essen und Trinken zu tun. Inmitten des Standardangebots an Coffee-Shops und Restaurants hat sich ein Food Court mit Ständen gehalten, wo man für wenig Geld zu guter Qualität die landestypischen Gerichte bekommt: Pad-Thai-Nudeln, den Hühnerreis Khao Man Gai oder Klebereis mit Mango.

Die kleine Halle nennt sich »Airport Street Food Magic Food Point« und liegt einigermaßen versteckt hinter einer unscheinbaren Tür im ersten Stock des Terminals. Am besten läuft

man in der Ankunfts- oder Abflughalle zu Tür Nummer 8 und fährt dann mit der Rolltreppe hinunter. Am Eingang kauft man sich für 100 oder 200 Baht einen Coupon, mit dem man an den Ständen bezahlt. So ist das hier üblich.
Was das Design angeht, hat der Food Court allenfalls Kantinen-Charme. Tatsächlich treffen sich hier viele Flughafenangestellte, aber Ausländer dürfen ebenso hinein. Das Essensangebot geht auch nicht über den Durchschnitt hinaus.
Trotzdem ist der »Magic Food Point« ein wunderbarer Ort, um gleich nach der Ankunft Kontakt mit richtiger Thai-Küche aufzunehmen. Oder sich zum Ende eines Urlaubs davon wieder zu verabschieden. Und so gut wie in vielen Thai-Restaurants zuhause ist das Essen allemal.

Ausflüge

62

Alte Hauptstadt

WAT CHAI WATTANARAM: DIREKT AM CHAO PHRAYA, GEGENÜBER UTONG ROAD, BAN POM, PHRA NAKHON SI AYUTTHAYA, AYUTTHAYA 13000

WAT PHRA SI SANPHET: KLONG THO ROAD, PRATU CHAI SUB-DISTRICT, PHRA NAKHON SI AYUTTHAYA 13000

WAT RATCHABURANA: CHIKUN ALLEY, PHRA NAKHON SI AYUTTHAYA DISTRICT, PHRA NAKHON SI AYUTTHAYA 13000

Das Leben kann ja sehr merkwürdige Wendungen nehmen. In thailändischen Seifenopern noch häufiger als sonst.

Eine der erfolgreichsten Thai-TV-Serien der letzten Jahre war *Buppaesannivas* (Schicksal der Liebe). Die Geschichte einer Archäologin aus Bangkok namens Ketsurang, die bei einem Autounfall ums Leben kommt und sich dann, warum auch immer, im 17. Jahrhundert im Körper einer Gesellschaftsdame am Hof des Königs wiederfindet, in der alten Hauptstadt Ayutthaya, mit allen Lieben und allen Intrigen, die es damals schon gab.

Die Serie war ein solcher Hit, dass Thais nun in Kostümen von damals an den Originalschauplätzen herumspazieren. Mit der Ruhe ist es in Ayutthaya – inzwischen eine eigentlich doch sehr beschauliche Provinzstadt mit 80 000 Einwohnern, eine Autostunde im Norden von Bangkok – nun erst einmal vorbei.

So muss das aber auch früher gewesen sein. Mehr als vier Jahrhunderte lang war Ayutthaya die Kapitale. Damals standen auf einer Insel im Delta des Chao Phraya mehr als 400 Tempel und Paläste. 300 000 Leute lebten hier – vergleichbar mit den großen europäischen Städten jener Zeit.

Die Stadt lag zwischen zwei Flüssen, umgeben von einer zwölf Kilometer langen Mauer. Deshalb galt sie als uneinnehmbar – bis der verfeindete Nachbar Burma sie 1767 in Schutt und Asche legte. Daraufhin wurde Bangkok Hauptstadt.

Um die Ruinen kümmerte man sich erst zwei Jahrhunderte später wieder. Was übrig blieb, gehört seit 1991 zum Weltkulturerbe: prächtige Anlagen wie der Wat Chai Wattanaram, der Wat Phra Si Sanphet oder der Wat Ratchaburana.

Bei einer Jahrhundertflut 2011 wurden viele Bauten schwer beschädigt. Der Wat Ratchaburana mit seinen feinen Stuck- und Putzarbeiten wurde mit deutschem Geld restauriert, unter Leitung des Kölner Professors Hans Leisen, der sich international einen Namen als »Tempeldoktor« gemacht hat.

Der bleibende Eindruck von Ayutthaya ist für viele jedoch keiner der berühmten Tempel, sondern ein anderes Bild: ein steinerner Buddha, der mit einem Feigenbaum verwachsen ist. Die Figur war jahrhundertelang verschwunden. Sie kam erst wieder zum Vorschein, als die mächtigen Baumwurzeln sie aus dem Boden zurück ans Licht drückten.

Aus dem Stamm schaut nun nur das Gesicht des Buddhas heraus. Trotz der etwas unangenehmen Lage trägt er ein seliges Lächeln auf den Lippen. Es ist ein Lächeln, das fast jeder Besucher erwidert.

trennt wurden sie nie. Als Chang 1874 an einer Lungenentzündung starb, überlebte ihn Eng nur um wenige Stunden.

Nach Siam kehrten sie nie mehr zurück. Begraben sind sie in den USA. In ihrem Geburtsort erinnert heute ein Denkmal an die beiden. Das war lange die größte Attraktion der Region.

Viele Leute kamen aber nicht nach Samut Songkhram.

Das hat sich geändert. Durch YouTube und Instagram ist einer der lokalen Märkte zur internationalen Sehenswürdigkeit geworden. Auf Thailändisch heißt er Talar Rom Hoop. Das bedeutet so viel wie: »Klapp den Schirm weg«. Ausländern ist er besser bekannt als Train Market, der Eisenbahnmarkt.

Acht Mal pro Tag müssen die Händler ihre Stände wegräumen und die Markisen wegklappen, weil der Zug auf einer Strecke von 200 Metern mitten durch ihren Markt fährt: das erste Mal morgens gegen 6.20 Uhr, das letzte Mal gegen 17.40 Uhr.

Für die mehr als hundert Händler ist das Routine. Aber doch jedes Mal ein Spektakel: Der Zug ruckelt in minimalem Abstand an Obst, Gemüse, Fisch und Fleisch vorbei. Ist er durch, gehen die Schirme sofort wieder auf.

Zur Sicherheit aller Beteiligten darf der Zug nur Schritttempo fahren. Lokführer Jaru Kanchanaphan sagt: »Ich mache das hier seit 25 Jahren. Da ist man Profi. Aber man muss schon sehr aufpassen.«

Zur Entstehung gibt es zwei Lesarten: Die einen behaupten, dass der Markt viel länger da sei als die Gleise. Die anderen erzählen, dass den Händlern irgendwann der Platz ausging. Einer fing an, auf den Gleisen zu verkaufen. Die anderen machten es ihm nach.

Irgendwann wollten die Behörden Absperrungen errichten. Aber damit kamen sie nicht durch. Jetzt ist es zu spät. Heute profitieren von den Touristen alle: die Stadt, die Händler und auch die Bahn.

REGISTER

Apotheke Mo Waan 29
Ayutthaya 208

Bahnhof Hua Lamphong 78
Bang Krachao 188
Bangkok City Library 99

Bars & Clubs
- Above Eleven 111
- Ba hao 75
- Foreign Correspondents Club 96
- Hi So 111
- Ku Bar 133
- Lebua Sky Bar 111
- Locker Room 133
- Moon Bar 111
- Photo Booth 133
- Rabbit Hole 133
- River Vibe 111
- Room No. 72 133
- Sky Bar 111
- Speakeasy 111
- Teens of Thailand 75
- Tep Bar 75
- Wallflowers 75

Brücke am Kwai 212

Cafés
- Café de Norasingha 44
- On Lok Yun 44
- Patom 129

Elephant Building 92

Fahrradtouren 57
Flughafen Bangkok-Suvarnabhumi 203
Flugzeugfriedhof 197
Friedhof Susan Farang 191

Gärten & Parks
- Lumphini-Park 170
- Sanam Luang 38

Graffiti 115
Grand Postal Building 113

Holy Rosary Church 81

Hotels
- Anantara Siam Hotel Bangkok 46
- Centara (Hua Hin) 214
- Florida Hotel 173
- Hotel Oriental 96
- Malaysia Hotel 173
- Miami Hotel 173
- Reno Hotel 173
- Sala Arun 66
- Sala Rattanakosin 66
- The Siam 46

Hua Hin 214

Khao San Road 32
Khlong Saen Saeb 153
Kino: Scala 142
Krankenhaus der Stiftung Thien Fah 84

Läden, Märkte & Malls
- Amulettmarkt 35
- Blumenmarkt Pak Khlong Talad 87
- Central Embassy 29, 72
- Chatuchak-Markt 158
- Eisenbahnmarkt (Samut Songkhram) 217
- Gulati Sam 144
- Iconsiam 29
- Khlong Toei Markt 161
- Mittagsmarkt Sala Daeng 101
- Nachtmarkt Patpong 101
- Nightingale-Olympic 72
- Or Tor Kor Markt 161
- Papaya 200
- Paya 120
- Pinky Tailor 144
- Raja's Fashion 144
- Rajawongse 144
- Ratchawat Markt 161
- Wang Lang Markt 60

Legend Thai Boxing 49
Lim-Nao-Ngow-Schrein 81

Mae Nam Chao Phraya 54
Maha Nakhon Tower 92
Mangostand Mae Varee 123

Massagen
- Body Tune 176
- Divana 176
- Health Land 176
- Wat Pho Thai Massage School 176

Medizinisches Institut des Thailändischen Roten Kreuzes 179

Museen
- Bangkok Art and Culture Centre (BACC) 147
- Bangkokian Museum 150
- Nationalmuseum 21
- Jim Thompson House 150
- Museum Baan Kudichin 63
- Museum of Contemporary Art (MOCA) 147

Neilson Hays Library 99

Paläste & Tempel
- Großer Palast 15
- Palast Suan Pakkad 21
- Ratchawang 15
- Wat Arun 66
- Wat Chaichana Songkhram 66
- Wat Pariwat 194
- Wat Pho 26
- Wat Saket 24
- Wat Thong Thammachat 57
- Wat Chai Wattanaram (Ayutthaya) 208
- Wat Phra Si Sanphet (Ayutthaya) 208
- Wat Ratchaburana (Ayutthaya) 208

Panipa 131
Portugiesische Botschaft 115

Rajadamnern Stadion 49

Restaurants
- Baan Rim Naam 81
- Baan Yai Phad Thai 18
- Bo.lan 104
- Broccoli Revolution 129
- Guay Jub Mr. Joe 18
- Insects in the Backyard 186
- Jay Fai 18
- Khao Phad Pu Chang Phueak 84
- May Kaidee 32
- Na-Oh 186
- Pa Tong Go Savoey 84
- Pizza Pala 126

Sühring 104
Sustaina 129

Robot Building 92

Samut Songkhram 217
Sathorn Unique 107
Schildkrötenhaus 126
Siam Commerical Bank 81
Siriraj-Krankenhaus 60
State Tower 107

Street-Art 115
Streetfood 101
Sub Zero 136
Suppenküche Wattana Panit 131

The Jam Factory 54
The Rink Ice Arena 136
Thonglor 120
Tuk Tuk Tour 184

Wang Lang Pier 68